इलाक़ा जुगनू का

इलाक़ा जुगनू का

ग़ज़लें और नज़्में

प्रबुद्ध सौरभ

MANJUL
मंजुल पब्लिशिंग हाउस

MANJUL

मंजुल पब्लिशिंग हाउस

कॉरपोरेट एवं संपादकीय कार्यालय

• द्वितीय तल, उषा प्रीत कॉम्प्लेक्स, 42 मालवीय नगर, भोपाल-462 003

विक्रय एवं विपणन कार्यालय

• सी-16, सेक्टर 3, नोएडा, उत्तर प्रदेश, 201301

वेबसाइट : www.manjulindia.com

वितरण केन्द्र

अहमदाबाद, बेंगलुरू, भोपाल, कोलकाता, चेन्नई,
हैदराबाद, मुम्बई, नई दिल्ली, पुणे

इलाक़ा जुगनू का

यह हिन्दी संस्करण 2024 में पहली बार प्रकाशित

ISBN 978-93-5543-789-1

मुद्रण व जिल्दसाज़ी : रेप्रो इंडिया लिमिटेड

अनुक्रम

रंग जुगनू के

प्रबुद्ध सौरभ एक ऐसा नाम है, जो कानों में पड़ते ही उसका चेहरा बाद में याद आता है, उसके शे'र पहले याद आते हैं। मैं कई प्लेटफॉर्म से कह चुका हूँ कि वर्तमान में मेरे सबसे पसंदीदा शायरों में से एक हैं - प्रबुद्ध सौरभ।

उसकी ख़ासियत है कि उसकी शायरी के अलग-अलग रंग देखने को मिलते हैं। जब वो कहता है कि

'क़सम से कह रहे हैं, आप ना बहुते लजाते हैं
अगर होइए गया है प्यार तो काहे छुपाते हैं'

तो शब्दों का देसीपना उसके मिट्टी से जुड़े होने का इशारा देता है और कहन का अंदाज़ उसके द्वारा अर्जित शायरी की गहराई का अंदाज़ा बताता है। यह गहराई उसने लगन, मेहनत और शिद्दत से कमाई है और मैं उसकी शिद्दत के एक हिस्से का चश्मदीद रहा हूँ।

एक शांत, सहज और विनम्र व्यक्ति प्रबुद्ध से मेरा परिचय क़रीब छह-सात साल पुराना है, लेकिन शायर प्रबुद्ध सौरभ को मैंने पिछले दो वर्षों में ही जाना है और इतना जाना है कि यह अंकुर किसी बरगद तले छुपा रहने वाला नहीं है।

'न दौलत न शोहरत माँगे, न कोई बल माँगे
दिल का मंगता उस दाता से इतना केवल माँगे
मंगल को मैं बजरंगी से तेरा शुक्र मनाऊँ
और शुक्र को तू अल्ला से मेरा मंगल माँगे'

यह क़ता जब मैंने सुना तो मुझे लगा कि लंबे समय तक परदे के पीछे रहने वाला यह इंसान परदे के पीछे ज़रूर रहा है, लेकिन लिखने में लगातार आगे बढ़ा है।

प्रबुद्ध के कई शे'र सामाजिक चेतना की तरफ़ इशारा करते हैं। अक्सर उसके ऐसे शे'र सियासी हालत को बहुत धीमे से ही सही, लेकिन पूरी तरह बेनक़ाब करते हैं। टीवी शोज़ से लेकर डिबेट्स और लाइव प्रोग्राम में कई बार ऐसे मौक़े आते हैं, जब मैं उसके शे'र कोट करने से ख़ुद को नहीं रोक पाता।

'लड़ें, झगड़ें, भिड़ें, काटें, कटें, शमशीर हो जाएँ
बँटें, बाँटें, चुभें इक दूसरे को, तीर हो जाएँ
मुसलसल क़त्ल-ओ-ग़ारत की नई तस्वीर हो जाएँ
सियासत चाहती है, हम और तुम कश्मीर हो जाएँ'

जब तक प्रबुद्ध जैसी जगाने वाली आवाज़ें मौजूद हैं, सियासत हमें कितनी भी अफ़ीम सुंघा ले, हम बदगुमानी की नींद सोने वाले नहीं हैं।

हालाँकि प्रबुद्ध का कहना है कि उससे रूमानी शायरी नहीं लिखी जाती, लेकिन यह भी ग़लत है। जो शायर अपनी शायरी को पत्नी की कलाई में खनकती चूड़ियों तक यूँ ले आता है कि

'जादूगर सा काम किया है यार तुम्हारी भाभी ने
एक मकां को धाम किया है यार तुम्हारी भाभी ने

दिल छलनी, बेक़ाबू साँसें, घायल नज़रें, चाक जिगर
लगभग क़त्ल-ए-आम किया है यार तुम्हारी भाभी ने'

तो यह महबूबा के लिए लिखी गई कई नज़्मों पर भारी है। और इसके बाद अचानक प्रबुद्ध एक ऐसा प्रतीक ले आता है, जो आपको एकदम से शायरी की ऊँचाई पर ले जाता है।

'इतने व्रत उपवास अमावस पूनम सब मेरी ख़ातिर
पत्थर शालिग्राम किया है यार तुम्हारी भाभी ने'

प्रबुद्ध की लेखनी में एक बड़ी क़ाबिलियत है कि एक छोटी सी पलट से वो बड़ी शायरी कर देता है। मैं उसको शायरी का 'रिवर्स स्वीप बैट्समैन' कहता हूँ।

आपको पता भी नहीं चलता और प्रबुद्ध शब्दों का एक तिनका इधर से उठा कर उधर रख देता है और शायरी हो जाती है।

'उन्हीं की नज़र में उतरना है हमको
जो हमको नज़र से उतारे हुए हैं'

या

'नहीं जो टूटता मेरा भरम तो
भरम मुझको किसी दिन तोड़ देता'

मंगल और शुक्र वाला जो क़ता मैंने ऊपर लिखा है, उसमें भी पलट का ही खेल है। यह एक जादूगरी है कि इतनी सी हेरा-फेरी से इतनी बड़ी शायरी हो जाती है। ऐसे और कई शे'र हैं, जो इसी संग्रह में आपके सामने आएँगे।

प्रबुद्ध के विविध रंगों में एक है, समाज का दर्द बयाँ करने का उसका तरीक़ा। कभी हास्य के माध्यम से, कभी व्यंग्य के माध्यम से तो कभी सीधे-सीधे अभिधा में वो आस-पास बिखरे हुए दर्द को लिख देता है। 'बाढ़' कविता, जिसे मेरे मित्र, मशहूर सिंगर सोनू निगम जी ने संगीतबद्ध किया और गाया भी है, उसमें

'जमुनिया की साड़ी बही जा रही है
ये दुनिया हमारी बही जा रही है'

आपकी आँखों की कोरों तक आँसू को ला कर रख देती है।

'लटकनवा कइसे कमाया' कविता में भ्रष्टाचार पर व्यंग्य साधने से शुरू हुई बात आपको कब समाज के उस पहलू तक ले जाती है, जहाँ मृत्यु और रुदन के सिवा कुछ नहीं बचता, आपको पता ही नहीं चलता।

अब यह किताब 'इलाक़ा जुगनू का' आपके हाथों में है। बस पढ़ते चले जाइए। मुझे पता है कि पन्ना-दर-पन्ना, शे'र-दर-शे'र, नज़्म-दर-नज़्म आप प्रबुद्ध के क़रीब जाते चले जाएँगे और इसी रास्ते से चल कर प्रबुद्ध आपके दिल तक पहुँचता चला जाएगा। इस संग्रह का हर शे'र संजोने लायक़ है, हर गीत गुनगुनाने लायक़ है और हर ग़ज़ल सहेजने लायक़ है। संजोइए, गुनगुनाइए, सहेजिए।

–मनोज मुंतशिर
बॉलीवुड लेखक

कृतज्ञ मैं...

लिखना कठिन काम है। किताब लिखना कठिन, प्राक्कथन लिखना उस से भी कठिन। आपके सामने हाज़िरी लगाने लायक हिम्मत कैसे इकट्ठा हुई, यही क़िस्सा सुनाए देता हूँ।

दस वर्ष की उम्र में पहली कविता लिखी, जब तत्कालीन प्रधानमंत्री श्री राजीव गांधी जी की हत्या हुई। स्कूल की एसेम्बली में सुनाई, बहुत शाबाशी मिली। तब कविता के व्याकरण का कुछ पता नहीं था। जैसी रवानी में सिलेबस की कविताएँ पढ़ता था, वैसी में ही लिख गया। फिर समय-समय पर लिखता रहा – अपने लिए भी, कोई मांग ले तो उनके लिए भी। इंजीनियरिंग में आया तो बड़े भाई के पास चंदन दास साहब की कैसेट में सुना – 'न जी भर के देखा न कुछ बात की/ बड़ी आरज़ू थी मुलाक़ात की'। बशीर बद्र साहब को तब भी नहीं जाना। यह मेरे लिए चंदन दास जी की ग़ज़ल थी। गाने इतने अच्छे लगे कि पूरी कैसेट की कॉपी करवा ली अपने लिए, फिर सुनता रहा। फिर पंकज उधास जी को सुना। 'चिट्ठी आई है' से इतर जो सुना उसमें अलग तरह का आनंद आया। फिर पता चला कि ये 'गज़ल' है, जो मुझे पसंद आ रही है। फिर बहुत कुछ सुना।

इस बीच पढ़ना भी शुरू कर दिया। पटना पुस्तक मेले से निदा फ़ाज़ली साहब और बशीर बद्र साहब की किताबों के साथ-साथ दीवान-ए-ग़ालिब भी उठा लाया। आख़िरी वाले के अलावा दोनों को समझ में आने लायक बुद्धि पैदा हो गई थी। लिखता तो था ही। ग़ज़ल लिखना भी शुरू कर दिया। इतना समझ में आ गया कि पहली दो लाइनों में एक से तुकांत रखने हैं और फिर एक लाइन बिना तुकांत के और दूसरी लाइन तुकांत वाली, फिर आगे भी इसी तरह। लिखता रहा, लोग वाह-वाह करते रहे। दोस्त शायर के रूप में जानने लगे। इंटर-कॉलेज प्रतियोगिताओं में ईनाम भी जीतने लगा। शमीम भाई, फ़हद भाई की संगत में उर्दू लिखना-पढ़ना भी सीख गया। हर पुस्तक मेले के बाद पढ़त बढ़ती गई, लिखत भी।

दिल्ली आया तो अपना लिखा लेकर वरिष्ठ कवि अशोक चक्रधर जी से मिला। परिचय दिया, जिसमें नाम के अलावा और कुछ भी प्रभावी नहीं था।

अपनी 'ग़ज़लें' दिखाईं। वो मुस्कुराए। कहा, ''बह्र में लिखना सीखो''। मुझे लगा बह्र मतलब बज़्म जैसी कोई चीज़ कि कुछ लोगों के साथ बैठ कर ग्रुप में सीखना होता है। मैंने कहा, ''जी, ठीक है। बह्र का पता करता हूँ।'' वो ये तो नहीं समझे कि मैं क्या समझा लेकिन ये समझ गए कि मैं नहीं समझा। तो उन्होंने मेरे स्टेपल कर के दिये पन्नों के आख़िरी पन्ने के पीछे लिखा 'यमाताराजभानसलगा' और कहा, ''छंद की किताब ले लो और यहाँ से शुरू करो। ग़ज़ल पर मैं भी अभी काम ही कर रहा हूँ। दोहा और छंद तो कच्ची नींद से जग कर भी लिख सकता हूँ। ग़ज़ल अभी सीख रहा हूँ 'फ़ाइलातुन फ़ाइलातुन फ़ाइलातुन फाइलुन'। छंद की कोई किताब ले लो और सीखना शुरू करो।'' उस समय इसमें से मेरी समझ में सिर्फ़ अंतिम वाला वाक्य आया। मैं चलने को हुआ तो देखा अशोक जी और भी कुछ लिख रहे थे। देखा तो उन्होंने लिखा था – 'हे प्रबुद्ध सौरभ सुमन, दोहा तो है ज्ञात // किंतु ग़ज़ल भी शुद्ध हो, खा जाता हूँ मात'! और नीचे ऑटोग्राफ था। मेरा लिखा बंडल उन्होंने मुझे वापस कर दिया। लेकिन अब जो उस पर लिखा था, वो मुझे आगे का रास्ता दिखाने वाला था।

फिर उस समय युवाओं में तेज़ी से लोकप्रिय हो रहे कवि डॉ. कुमार विश्वास जी से मिला। उन्होंने भी बह्र में लिखने की सलाह दी। व्यावसायिक रूप से मैं उनके साथ लंबे समय के लिए जुड़ गया। इस बीच कुमार विश्वास जी के एक काम को लेकर गीत के महनीय कवि डॉ. कुँवर बेचैन जी से मुलाक़ात हुई। अशोक चक्रधर जी को मैं टीवी के माध्यम से जानता था, कुमार विश्वास जी को पटना में एक कार्यक्रम के दौरान जाना था, लेकिन कुँवर बेचैन जी के बारे में मैंने इससे पहले नहीं सुना था। कुमार विश्वास जी से ही सुना कि उनके और इस पीढ़ी के कई कवियों के गुरु हैं। जब उनसे मिलने गया तो भी अपनी कविताएँ लेकर गया। उनसे मिल कर जब उनके लिखे और उन पर हो रही पीएचडी और उनके क़द के बारे में पता चला तो अपनी कविताएँ दिखाने का साहस न हुआ। लेकिन गुरु तो गुरु होता है! गुरुओं के गुरु से आप कोई बात कैसे छुपा सकते हैं? उन्होंने ख़ुद ही पूछ लिया, ''तुम भी लिखते हो?... कुमार के साथ हो तो लिखने वाले तो होगे ही, कुछ सुनाओ?'' मैंने वो काग़ज़ का बंडल आगे कर दिया। उन्होंने पढ़ा और मुझे रदीफ़ और काफ़िया का मूल नियम बहुत सरलता से चंद मिनटों में ही समझा दिया। फिर चलते-चलते मुझे अपनी प्रसिद्ध किताब 'ग़ज़ल का व्याकरण' की एक प्रति दी और कहा, ''इस से पढ़ो, और जहाँ समझ में न आए, मुझसे फोन पर पूछ लेना।''

यहाँ से लेखन में गम्भीरता की शुरुआत हुई। ग़ज़लें, नज़्म, गीत, अश'आर लिखने का सिलसिला जारी है और तब से अब तक की यात्रा की पहली खेप में जो कुछ भी आप तक पहुँचाने लायक लगा, वो इकट्ठा कर लाया हूँ।

इकट्ठा कर लेने के बाद बड़े भाई समान शायर कर्नल गौतम राजऋषि जी ने 26 ग़ज़लों में ग़लतियाँ निकालीं। गौतम जी ने कहा कि संग्रह तैयार करो, मैं छपवाऊँगा। मैंने इस काम में एक वर्ष का समय ले लिया, जो कि व्यस्तता के कारण कम और आलस्य के कारण अधिक हुआ। बहरहाल, जबकि मैं समय-समय पर नए सीखे नियमों के हिसाब से अपनी ग़ज़लों को जाँचने और ठीक करने का प्रयास करता रहा हूँ, तब भी चालीस से अधिक ग़लतियाँ निकली हैं। यह इस बात का संकेत है कि सीखना और लिखना एक चक्रीय क्रिया है, जो आपके लेखन को बेहतर से और बेहतर करता है, लेकिन फिर भी त्रुटि की गुंजाइश रहती है। अब भी ऐसी कोई त्रुटि रह गई हो तो अग्रिम क्षमा प्रदान करें और किसी माध्यम से अवगत कराएँ ताकि ठीक किया जा सके।

श्री मनोज मुंतशिर जी का बहुत आभार कि न सिर्फ़ उन्होंने इस किताब की भूमिका लिखने की स्वीकृति दी, बल्कि तमाम दुनिया के सामने मेरे लिखे को प्रसारित किया। उन्होंने सदा बल दिया है।

श्री सोनू निगम जी के आशीर्वचन इस किताब को मिले हैं। साथ ही उन्होंने हमेशा मेरी कविताओं को पढ़ा और उस पर प्रतिक्रिया भी दी है। इस संकलन का एक गीत उन्होंने कम्पोज़ किया और एक बड़े मंच पर गाया, यह मेरा सौभाग्य है। एक मार्गदर्शक की तरह हमेशा रोशनी लिए आगे चलने वाले सोनू निगम जी का अनंत आभार।

श्री अमिताभ बच्चन जी का आभार, जिन्होंने अपने सोशल मीडिया पर मेरी एक रचना को स्थान दिया और इस माध्यम से मुझे बल दिया कि यदि देश के सबसे बड़े महानायक को मेरी रचना रोचक लगी है, तो मुझे सतत लिखने का अभ्यास करना चाहिए और इसी के फलस्वरूप आज एक किताब के लायक रचनाएँ पूरी कर पाया।

मेरी इस यात्रा में प्रत्यक्ष-अप्रत्यक्ष रूप से जुड़े सभी लोगों का आभार। मेरे लिखे के लिए निकले हर 'आह', 'वाह' और मेरी कविता से जनित हर मुस्कान, आँसू, प्रेम के प्रति सदा मेरी कृतज्ञता रहेगी। उनमें से किसी का नाम लिखना आकाश को थाल करने जैसा है। बस इतनी प्रार्थना, कि जुड़े रहिएगा।

अब 'इलाक़ा जुगनू का' आपके हवाले।

–प्रबुद्ध सौरभ

ग़ज़ल

1

ग़म छुपाता हूँ तो अश'आर में आ जाता है
ग़म बताता हूँ तो अख़बार में आ जाता है

हमने दुनिया से छुपा रक्खी हैं अच्छी ग़ज़लें
माल दिख जाए तो बाज़ार में आ जाता है

इसलिए छोड़ दिए मैंने अना के झगड़े
जिससे भिड़ता हूँ, वो सरकार में आ जाता है

देखना उनकी ख़ुशी काट के मोहरे मेरे
बस मज़ा जीत का इस हार में आ जाता है

लाल आँखों से तेरी भाभी की डरने का नहीं
इतना गुस्सा तो उन्हें प्यार में आ जाता है

2

दर्द घटता भी नहीं है कि फ़ना हो जाए
और बढ़ता भी नहीं है कि दवा हो जाए

है [illegible] कि ये [illegible] है, पर [illegible] ही
मेरे अल्लाह उसे मुझसे वफ़ा हो जाए

उसका एहसान ही इतना है मेरी साँसों पर
ग़ैर-मुमकिन है कि साँसों से अदा हो जाए

वो किसी रोज़ करे तर्क-ए-तअल्लुक़ ख़ुद से
और उसी दिन से मेरा, सिर्फ़ मेरा हो जाए

लाख अच्छा हो तू, मेरा जो नहीं, ख़ाक़ अच्छा
इससे अच्छा है कि तू सच में बुरा हो जाए

वक़्त को कर दे क़लम, ख़ुद को सियाही कर ले
तेरा सोचा हुआ क़िस्मत का लिखा हो जाए

मुझको मालूम है वो शख़्स मेरा है लेकिन
है ये लाज़िम कि अब उसको भी पता हो जाए

3

रो कर के कोई याद भुलाई नहीं जाती
अफ़सोस कि हँस के भी दबाई नहीं जाती

अब क्या नए सिरे से लगाएँ किसी से दिल
स्याही कभी स्याही से मिटाई नहीं जाती

बस एक अदद इश्क़ था और उसकी भी अर्थी
दो ढाई सौ ग़ज़लों से उठाई नहीं जाती

ये सोच कर कि ख़्वाब में झकझोर दूँ कैसे
मुझसे मेरी बिटिया भी जगाई नहीं जाती

तुम आ गए हो मानने में वक़्त लगेगा
ये खीर बहुत गर्म है खाई नहीं जाती

हालाँकि ये मुमकिन है कि ख़ुद से ही लगी हो
ऐसा भी नहीं आग लगाई नहीं जाती

कुछ मस'अले आँगन में सुलझ जाएँ तो अच्छा
हर बात अदालत में यूँ लाई नहीं जाती

4

ज़िन्दगी दश्त में जब छोड़ के आती है हमें
तेरी यादों की महक ढूँढ के लाती है हमें

[illegible] के आँखों [illegible] तेरी [illegible] [illegible] [illegible]
इससे दुनिया बड़ी बेहतर नज़र आती है हमें

एक ही ताल में हर नब्ज़ का चलते रहना
तुम न समझोगे ये तरतीब डराती है हमें

दर्द तन्हाई तड़प सोज़ ख़ला बेचैनी
लफ़्ज़ क्या-क्या ये मुहब्बत भी सिखाती है हमें

जितनी मुश्किल से निभाते हैं मुहब्बत हम-तुम
उतनी मुश्किल से मुहब्बत भी निभाती है हमें

5

महज़ दिल्लगी के वो अंदाज़ निकले
तेरे सब इशारे दग़ाबाज़ निकले

बदल देने का वक़्त भरते थे जो दम
वो सब इंक़लाबी घड़ीसाज़ निकले

वो लिखती है क़िस्से उड़न-तश्तरी के
किसी तरह तो शौक़-ए-परवाज़ निकले

समझ कर अदा हम ग़ज़ल कह रहे थे
वो बाक़ायदा हम से नाराज़ निकले

मुहब्बत की बूटी यूँ अटकी गले में
रहा जाए चुप ही न आवाज़ निकले

6

आँख से जब छाले जाएँ
ख़्वाब नए पाले जाएँ

आज तो दर दे दे मालिक
हम कितने टाले जाएँ

वीरां घर कोई देख न ले
झट परदे डाले जाएँ

इश्क़ मुहब्बत देख चुके
अब ये तमाशा ले जाएँ

7

मैं सच को छुपाने का हुनर सीख रहा हूँ
करतब तो ये मुश्किल है मगर सीख रहा हूँ

रफ़्तार-ए-रवानी में कभी पाँव ना रोके
अब कैसे निभानी है ठहर सीख रहा हूँ

जज़्बात सिमटते हैं बदन फैल रहा है
देहात से दिल्ली का सफ़र सीख रहा हूँ

पलकों का जो ये बाँध हैं वो टूट न जाएँ
किस ओर निकालूँ मैं नहर सीख रहा हूँ

ये उर्दू ज़बां भी तो मेरे घर की ज़बां है
इतना भी बुरा क्या है अगर सीख रहा हूँ

8

जिनसे थोड़े भरम नहीं निभते
ऐसे लोगों से हम नहीं निभते

तुम मुहब्बत के ख़्वाब मत देखो
तुमसे अपने ही ग़म नहीं निभते

फिर भी अह्ल-ए-सितम तो निभते हैं
बस ये अह्ल-ए-करम नहीं निभते

इतना-इतना निभाते हो सब से
और थोड़े से हम नहीं निभते

रोटियाँ इतना काम लेती हैं
हम से दैर-ओ-हरम नहीं निभते

अब हमारे शिकस्ता क़दमों से
ये नए हमक़दम नहीं निभते

9

लुत्फ़ आख़िर हद-ए-दीवार के अन्दर क्या है
भटके सहरा में तो मालूम चला घर क्या है

तुम ही कहते हो लिखा है सो नहीं टल सकता
फिर ये ताबीज़-कवच सोम-सनीचर क्या है

फिर तजस्सुस की सज़ा में मुझे नीचे न धकेल
यह भी तो देखने दे ख़ुल्द से ऊपर क्या है

मेरी आँखों को तेरे ख़्वाबों से क्या है बेहतर
तेरे ख़्वाबों को मेरी आँखों से बेहतर क्या है

इतना कोहरा है अना वाले हसीं जंगल में
कुछ नज़र ही नहीं आता है कि बाहर क्या है

तोड़े जाता है जो पलकों की हद-ए-ज़ब्त का बांध
ये भी क़तरा है तो फिर दोस्त समन्दर क्या है

10

कभी कभी तो अच्छा सुन
ग़ज़ल हुई है ताज़ा, सुन

[illegible] हैं [illegible]
धड़क रहा है शीशा सुन

ये बहरों की बस्ती है
तू भी थोड़ा ऊँचा सुन

सुकून-लज़्ज़त-मदहोशी
रफ़ी-लता का गाना सुन

नए लिखनगर आएँ तो
बैठ के उनका लिक्खा सुन

बारिश की इन बूंदों में
धिनाक तिरकिट धिन्ना सुन

कभी जो ख़ुद पर मरना हो
तो हमसे अपना क़िस्सा सुन

मना के फिर सौरभ जी को
यही ग़ज़ल दोबारा सुन

11

सुना है चाँद को गरहन लगा था
तभी कल आसमाँ बेमन लगा था

बग़ल की छत बहुत ऊँची भले थी
पर आँगन से मेरा आँगन लगा था

निकल आया वो चिड़िया को बचाने
इसी की ताक में दुश्मन लगा था

ये जिन हाथों में परचम देखते हो
इन्हीं हाथों में कल बेसन लगा था

अभी मालिक नहीं बनना था ख़ुद का
अभी तो नौकरी में मन लगा था

ये कहता है मेरे ऑफ़िस का काका
यहाँ पहले मेरा सहजन लगा था

जवानी चाय पी कर जा रही थी
पियाली धोने में बचपन लगा था

मैं समझा ही नहीं दीवानगी को
मुझे पहले दीवानापन लगा था

12

बेदिल कुल्हाड़ियों पे असर कुछ नहीं हुआ
रोए बिलख के ख़ूब शजर, कुछ नहीं हुआ

[illegible] की भी [illegible] की आग़ाज़ की तरह
यानी चले फ़िज़ूल, सफ़र कुछ नहीं हुआ

कुछ होने की उम्मीद में क्या-क्या हुआ न मैं
कुछ हो न जाए मुझको अगर कुछ नहीं हुआ

बर्बाद हम हुए हैं लकीरों के खेल से
तेरी वजह से जान-ए-जिगर कुछ नहीं हुआ

चूल्हे में जाए ऐसी जवानी जहाँ मियाँ
दिल, दर्द, ख़्वाब, तीर, नज़र कुछ नहीं हुआ

दरिया-ए-इश्क़ में है जला फिर से कोई शख़्स
तेरी हिदायतों से 'जिगर' कुछ नहीं हुआ

पहुँचा हूँ घर, कि अश्कों ने सैलाब कर दिया
अच्छा हुआ कि रास्ते भर कुछ नहीं हुआ

मेरी जड़ों का इम्तिहाँ लेने के वास्ते
आई थी आँधियाँ भी मगर कुछ नहीं हुआ

13

मैं ज़िंदा सीप हूँ गौहर नहीं हूँ
मैं पसमंज़र हूँ बस मंज़र नहीं हूँ

मेरा मजमून चेहरे पर लिखा है
जो हूँ बाहर हूँ, कुछ अंदर नहीं हूँ

ग़म-ए-दौरां, ज़रा दिन बाद आना
मैं उनके घर हूँ, अपने घर नहीं हूँ

नहीं हैं फ़स्ल देना का मेरा मन
पर इतना जान लो बंजर नहीं हूँ

कोई जन्नत का ताज़ा हाल भेजो
वहाँ होना था मुझको पर नहीं हूँ

मैं दस्तक दूँ कि अंदर फांद जाऊँ
मैं दोनों हाल में बेघर नहीं हूँ

मेरे आगे न कोई मेरे पीछे
मिया शायर हूँ मैं तीतर नहीं हूँ

14

चलने वालों का रस्ता आसान बना कर जाऊँगा
मैं पानी को पत्थर के सब राज़ बता कर जाऊँगा

मुझको याद करे, बाद मेरे इक और न ग़ज़ल वाला निकले
जाते-जाते मैं अपना दीवान जला कर जाऊँगा

मुझको एक हथौड़ा दे, तलवार न दे, तिरसूल न दे
सारी उम्र लगे बेशक, दीवार गिरा कर जाऊँगा

अब बुलवाया है उसने जब शे'र मेरे ख़बरों में हैं
जाऊँगा, पर थोड़ा सा एहसान दिखा कर जाऊँगा

साल तलक अब बाबूजी के पास तो आना मुश्किल है
घर की छत-दीवारों को त्यौहार गिना कर जाऊँगा

कुछ मेरे, कुछ तेरे हैं, कुछ हम दोनों के साझे हैं
ये क़िस्से इक शायर को चुपचाप सुना कर जाऊँगा

15

यकीं होना ख़ुदी पर दोस्त ये माना ज़रूरी है
मगर ख़ुद को परखने का भी पैमाना ज़रूरी है

हसीं तारों, मेरे प्यारों, मेरा दिल तो नहीं, लेकिन
किसी का चाँद मैं भी हूँ, सो घर जाना ज़रूरी है

फक़त इक शम'अ इस दालान को रोशन तो कर देगी
ग़ज़ल के वास्ते पर एक परवाना ज़रूरी है

कभी है लाज़मी पलकों का ज़िद में बांध हो जाना
कभी अश्कों का भी सैलाब हो जाना ज़रूरी है

ये कैसी नस्ल है, जो कोख से तैयार आई है
इन्हें समझाओ तो, कुछ रोज़ तुतलाना ज़रूरी है

यही मासूम बातें ज़िन्दगी की साँझ बारेंगी
कोई बच्चा जो 'हू' कर दे, तो डर जाना ज़रूरी है

सियासत में नया है वो उसे इतना नहीं मालूम
किसी मौक़े पे वादे से मुकर जाना ज़रूरी है

मिया यूँ ही नहीं मिलती है पगड़ी बादशाहत की
सफ़र में रोज़ कोई ताज ठुकराना ज़रूरी है

16

जादूगर सा काम किया है यार तुम्हारी भाभी ने
एक मकां को धाम किया है यार तुम्हारी भाभी ने

दिल छलनी, बेक़ाबू साँसें, घायल नज़रें, चाक जिगर
लगभग क़त्ल-ए-आम किया है यार तुम्हारी भाभी ने

कुछ सूफ़ी तासीर तो पोशीदा है उनकी सोहबत में
मुझको भी ख़ैयाम किया है यार तुम्हारी भाभी ने

दौर-ए-ख़जां में ख़ाक हुए इक डाल से बिछड़े क़िस्से को
गुल-गुलशन-गुलफ़ाम किया है यार तुम्हारी भाभी ने

इतने व्रत उपवास अमावस पूनम सब मेरी ख़ातिर?
पत्थर शालिग्राम किया है यार तुम्हारी भाभी ने

संगतराशी के गुर जा कर उनसे सीखो बुतकारों
मुझ कंकर को श्याम किया है यार तुम्हारी भाभी ने

17

आँखों से मेरे ग़म के सितारे निकल आए
अच्छा है तेरे हिज्र के मारे निकल आए

वो एक ही क़तरा था जिसे ज़ब्त था मालूम
वो ढलका तो फिर सारे के सारे निकल आए

गिन गिन के मुनाफ़े ही बटोरे थे उमर भर
जब तौल के देखा तो ख़सारे निकल आए

मैं बाँटता हूँ नींद ये बोला ही था बाबा
धनवान सभी हाथ पसारे निकल आए

दो पल ही गुज़ारी थी शब्-ए-वस्ल अभी तो
इतने में मुए भोर के तारे निकल आए

18

हरेक मोहरे के दस-बीस चाल रखता था
वो इक जवाब के कितने सवाल रखता था

धड़कते रहते थे सीने में लफ्ज़ अरसे तक
ग़ज़ल में अपनी वो दिल ही निकल रखता था

वफ़ा के ज़िक्र पे आँखों का ज़र्द हो जाना
कोई तो बात थी जिसका मलाल रखता था

न कोई ढंग, न तरतीब कोई कमरे में
वो अपने दिल का भी ऐसा ही हाल रखता था

हुनर था उसका मुझे लाजवाब कर देना
कहन में अपनी वो ऐसे मिसाल रखता था

सुना है कोई न आया जनाज़े पर उसके
अज़ीम ढंग का जो जल्व्-ओ-जलाल रखता था

19

जेठ की अंतिम तपाती रात ने मुझ से कहा
जा! तुझे आषाढ़ बख़्शा, प्रीत की सरिता बहा

वो मेरी ग़ज़लों को पढ़कर चूम लेते हैं किताब
बात मेरे कान तक आती रही है बारहा

बल्लीमारां में कहीं पैदा हुए होते जो हम
शान से कहते, कि ग़ालिब का मकां, तो ये रहा

तुम दुआ करना मेरी भी आत्मा के वास्ते
अब किसी की क़ब्र पर पढ़ना कभी जो फ़ातिहा

ब्रह्महत्या- तुल्य है कन्या की हत्या गर्भ में
धुल नहीं सकती ये कालिख, लाख तू गंगा नहा

20

दिल ज़माने का भर गया हमसे
सो अचानक मुकर गया हमसे

इक हक़ीक़त की निगहबानी में
एक सपना बिखर गया हमसे

ख़ुद से कैसे नज़र मिलाएगा
जो बचाकर नज़र गया हमसे

क़द बढ़ाने की आज़माइश में
अपना साया ही डर गया हमसे

हमने झोंका समझ के रोका था
इक तलातुम ठहर गया हमसे

उम्र कट लेगी इस ख़ुमारी में
एक मिसरा संवर गया हमसे

21

दिन गिरवी रख बोई रातें
अधजागी अधसोई रातें

तन्हाई के ग़म से गूंधी
सन्नाटे की लोई रातें

कोरों पर चुप सूख रही हैं
नम ख़्वाबों से धोई रातें

चार क़दम को सब्र बहुत था
फिर मीलों तक रोई रातें

हमसे पूछो किस मुश्किल से
तर पलकों पर ढोई रातें

कैसे-कैसे ख़्वाब पकाए
दिल के हाथ रसोई रातें

बिन मौसम के रजनीगंधा
उसकी याद में खोई रातें

सो जाओ अब रात का क्या है
कोरी क़िस्सा गोई रातें

22

मैं सारी उम्र उम्र का हिसाब ढूंढता रहा
सवाल दर सवाल थे जवाब ढूंढता रहा

उसे पता न चल सका था फ़र्क़ ख़ार-ख़ार का
था शहर में बबूल के, गुलाब ढूँढता रहा

क़रीब थी तो ज़िन्दगी के ख़्वाब भर रहा था मैं
बिछड़ गई तो उसको ख़्वाब-ख़्वाब ढूँढता रहा

वो आधी उम्र तो बदी के आईने में गुम रहा
फिर आधी उम्र दर बदर नक़ाब ढूँढता रहा

गुज़ार दी तमाम उम्र तेरे इंतज़ार में
किताब-ए-ज़िन्दगी में तेरा बाब ढूँढता रहा

जिसे थी ज़िद वो जुगनुओं की रौशनी में चल पड़ा
जो बेजुनून था वो माहताब ढूँढता रहा

बहुत दिया था ज़िन्दगी को, ज़िन्दगी ने कम दिया
ठगा-ठगा सा मैं यही हिसाब ढूँढता रहा

23

तुम्हारी याद के मंज़र पुराने घेर लेते हैं
न जाने ढूंढ कर कैसे कहाँ से घेर लेते हैं

जो हमने उन दिनों बस यूँ ही पोखर में उछाले थे
लगूं जब डूबने तो वो ही तिनके घेर लेते हैं

मैं ऐसी शोहरतों की सोच से भी ख़ौफ़ खाता हूँ
जिधर निकलो उधर अख़बार वाले घेर लेते हैं

ख़ुदा जाने ख़ुदा ने क्यों मुझे इतना नवाज़ा है
मैं जब भी लड़खड़ाता हूँ, सहारे घेर लेते हैं

ये ताक़त और ये शोहरत समय का फेर है प्यारे
गली अपनी हो तो हाथी को कुत्ते घेर लेते हैं

24

बच-बचा कर जब कहा, तारीफ़ में कम पड़ गया
और खुल कर लिख दिया तो शे'र में ज़म पड़ गया

वक़्त पर निकले थे, और अब तक पहुँच जाते भी हम
बीच में लेकिन मुआ आमों का मौसम पड़ गया

चौदहवीं की रात थी, पर चाँदनी थिरकी नहीं
देख घुँघरू की उदासी, चाँद मद्धम पड़ गया

संगमरमर की ज़मीं पर एक सिक्का यूँ गिरा
दो घड़ी को छटपटाया और बेदम पड़ गया

इस पराए शहर में किस को दिखाता ज़ख़्म मैं
तू जो अपना सा लगा तो दिल पे मरहम पड़ गया

25

क़सम जिसने उठाई थी गुलिस्तां की तबाही पर
अदालत दे रही है फ़ैसले उसकी गवाही पर

तमाशा देखते हैं खिड़कियों से सब नगरवाले
मदारी भी बहुत ख़ुश है सभी की वाह-वाही पर

ज़माने लद गए जब बादशा' इंसाफ़ करते थे
यहाँ तो दाग़ है ख़ुद दामन-ए-ज़िल्ले-इलाही पर

बहुत सारे ज़रूरी काम होंगे आपको, साहब
कहाँ फ़ुर्सत है जो सोचें किसी की बेगुनाही पर

वो पागल था तो उसके शे'र भी क्या ख़ूब होते थे
समझदारी ने ताला जड़ दिया उसकी सियाही पर

26

चाँद सूरज से ज़मीं की पैरवी करता रहा
ख़ुद अँधेरे में रहा पर रौशनी करता रहा

तितलियाँ ग़ज़लों से उड़ कर ग़ैर के घर जा बसीं
और शायर क़ाफ़ियों से मसखरी करता रहा

तुम न थे, बारिश न थी, झोंका न था, मौसम न था
कुछ न था, पर कुछ तो था, जो गुदगुदी करता रहा

फिर से वो आवाज़ आई 'अब हमें इंसाफ़ दो'
फिर से दिल्ली का 'मसीहा' दिल्लगी करता रहा

अंगरेज़ी बोल कर सब लूट कर वो ले गए
और अपना मुल्क़ हिंदी-फ़ारसी करता रहा

27

तेरी दौलत रह जाएगी तेरे घर-चौबारों तक
मेरे अक्षर सैर करेंगे सूरज-चाँद-सितारों तक

बात क़फ़न की निकली थी, पर रस्ते में नीलाम हुई
रंग-बिरंगी चूनर हो गई, जब पहुँची अख़बारों तक

जिसको जैसा रोग दिया है, उसको वैसा चारागर
बीमारों तक वैद जी पहुँचे, शायर इश्क़ के मारों तक

मैख़ाने में और तो क्या था, हमज़ख्मों की महफ़िल थी
बेचारों से शुरू हुई थी, ख़त्म हुई बेचारों तक

जम्हूरी तहज़ीब यही है, सबकी अपनी हदबन्दी
जनता की हद एक मुहर तक, नेताओं की नारों तक

28

जो हम तेरी आँखों के तारे हुए हैं
कई रतजगों के सँवारे हुए हैं

बराबर पे छूटी मुहब्बत की बाज़ी
न जीते हुए हैं, न हारे हुए हैं

उन्हीं की नज़र में उतरना है हमको
जो हमको नज़र से उतारे हुए हैं

क़लम, याद, कॉफ़ी, भरम, चंद पन्ने
बस इतने में भी दिन गुज़ारे हुए हैं

ग़ज़ल के ये मोती हैं हासिल ग़मों के
ये अश'आर अश्कों से खारे हुए हैं

29

गोरखधंधा हो जाऊँ क्या
मैं भी तुम सा हो जाऊँ क्या

ग़ज़लों की बस्ती सूनी है
फिर आवारा हो जाऊँ क्या

सच का गिरवी छुड़वाना है
थोड़ा झूठा हो जाऊँ क्या

सावन ने आँसू से पूछा
मैं भी खारा हो जाऊँ क्या

सब उम्मीदें डूब रही हैं
तिनका-तिनका हो जाऊँ क्या

घर-दफ़्तर के बँटवारे में
आधा-आधा हो जाऊँ क्या

मंडी अब बस उठने को है
थोड़ा सस्ता हो जाऊँ क्या

सब का हो कर देख चुका हूँ
वापस ख़ुद का हो जाऊँ क्या

30

दोनों जानिब क़ैदशुदा इस ख़ुशफ़हमी में रहते हैं
सरहद के उस पार परिन्दे आज़ादी में रहते हैं

शाम तलक आदाब बजाते गरदन दुखने लगती है
प्यादे हो कर शाहों वाली आबादी में रहते हैं

गर रोए तो आँखों के सब बाशिन्दे बह जाएँगे
हाय शिक़स्ता ख़्वाब हमारे इस बस्ती में रहते हैं

ज़ीना-दर-ज़ीना जब तेरी याद उतर कर आती है
मुँह बाए अश'आर हमारे हैरानी में रहते हैं

उसकी बक-बक घर से चल कर चाँद तलक हो आती हैं
हम खोए उसके होठों की तुरपाई में रहते हैं

चार किताबें साथ नहीं और सौ ग़ज़लें कह भी मारीं
अब के लिखने वाले जाने किस जल्दी में रहते हैं

31

मेरी आँखों से हिजरत का वो मंज़र क्यों नहीं जाता
बिछड़ कर भी बिछड़ जाने का ये डर क्यों नहीं जाता

अगर यह ज़ख़्म भरना है, तो फिर भर क्यों नहीं जाता
अगर यह जानलेवा है, तो मैं मर क्यों नहीं जाता

अगर तू दोस्त है तो फिर ये ख़ंजर क्यों है हाथों में
अगर दुश्मन है तो आख़िर मेरा सर क्यों नहीं जाता

बताऊँ किस हवाले से उन्हें बैराग का मतलब
जो तारे पूछते हैं रात को घर क्यों नहीं जाता

ज़रा फुर्सत मिले क़िस्मत की चौसर से तो सोचूँगा
कि ख़्वाहिश और हासिल का ये अंतर क्यों नहीं जाता

मेरे सारे रक़ीबों ने ज़मीनें छोड़ दीं कब की
मगर अश'आर से मेरे वो तेवर क्यों नहीं जाता

मुझे बेचैन करते हैं ये दिल के अनगिनत धब्बे
जो जाता है वो यादों को मिटा कर क्यों नहीं जाता

32

ख़्वाब-ए-उल्फ़त धो रहा हूँ
ये न समझो रो रहा हूँ

जिन्दगी! भरने में तुझको
रोज़ ख़ाली हो रहा हूँ

रात भर ख़्वाबों का जागा
दिन ब-मुश्किल ढो रहा हूँ

ये कठिन है, कर के देखो
मैं जो आसाँ हो रहा हूँ

इल्म है मुझको जफ़ा का
मैं तुम्हारा जो रहा हूँ

आएगा सैलाब इक दिन
रोज़ आँसू बो रहा हूँ

33

गुज़र निकले कई दिन, लग रहा अच्छा नहीं मौला
बहाना दिल लगाने का नया मिलता नहीं मौला

वही क़िस्से पुराने आज फिर दुहरा रहा हूं मैं
नया किरदार कोई खेल में भेजा नहीं मौला

उगा है आज फिर सूरज उसी पूरब के कोने से
मेरी अर्ज़ी पे तू क्यों फ़ैसला देता नहीं मौला

बहुत थक सा गया हूं देख कर अब एक ही सपना
यही सब सोच कर मैं रात भर सोता नहीं मौला

पढ़ा अख़बार में था, शहर ये अब तेज़ चलता है
तो फिर मैं अब तलक मंज़िल पे क्यों पहुँचा नहीं मौला

मुहब्बत की ग़ज़ल का लोग मुझको लाम कहते हैं
मगर क्या इश्क़ है मैं आज तक समझा नहीं मौला

34

नया अब सिलसिला जोड़ा न जाए
पुरानों को मगर तोड़ा न जाए

मुझे जो छोड़ जाना चाहता है
अगर जाए तो फिर थोड़ा न जाए

बहुत नुक्सान करती है ख़ुदी का
अना का रुख़ अगर मोड़ा न जाए

तमन्ना आसमानों के सफ़र की
मगर आँगन कि बस छोड़ा न जाए

35

एक पुड़िया में कई कठपुतलियों की जान है
मुल्क सारा ये तमाशा देख कर हैरान है

जर्नलिस्टों में उन्हीं की बच गई गिनती जिन्हें
गर्दभों से सुर मिला कर रेंकने का ज्ञान है

ख़ूब परसिद्धि है मेरे गाँव में उस शख़्स की
धान का पौधा नहीं पहचानता, परधान है

एँटी सोशल हो गया है इतना सोशल मीडिया
इस तरफ़ मत आइए, जीना इधर हलकान है

पर नुमाइश में कमी कोई नहीं है दोस्तो
है कलेजा चाक, डीपी पर खिली मुस्कान है

आप पर हर पल नज़र रखने का ज़रिया है वो छेद
आप जिसको सोच कर बैठे हैं, रोशनदान है

न्यूज़ चैनल कोर्ट हैं, हम जज हैं पूर्वाग्रह से लैस
तथ्य हैं ख़ुद कटघरे में, न्याय पाएदान है

खेल है अब मुद्दआ, हर मुद्दआ अब खेल है
ख़ैर साहब छोड़िए, कल शाम का क्या प्लान है

36

हम हैं, तन्हाई है, बिछौना है
और फिर रात भर का रोना है

लोग आते हैं, खेल जाते हैं
दिल मेरा ग़ालिबन खिलौना है

इक अदद आदमी नहीं मिलता
कोई आधा है, कोई पौना है

अपनी तैयारी पूरी रखिएगा
होगा हर हादसा जो होना है

ये समंदर जो सूख जाए तो
इक जज़ीरा यहाँ डुबोना है

खोल कर रखनी हैं अब आँखें भी
और पलकों पे ग़म भी ढोना है

मेरे कमरे में मस'अलों से अलग
तेरी यादों का एक कोना है

मैं जब से सच को सच कहने लगा हूँ
ख़ुद अपने आप को चुभने लगा हूँ

उजाला बाँटने की ये सज़ा है
अन्हरिया चाँद सा घटने लगा हूँ

भरम रखना उन आँखों का, कि जिनको
मैं रोशनदान सा लगने लगा हूँ

मैं उस किरदार को अब जी सकूँगा
मैं उस किरदार पर मरने लगा हूँ

37

जनतंत्र में जनता की कोई राय कहाँ है?
'जन-ग्रन्थ' में अब 'जन' का वो अध्याय कहाँ है?

संसद में कई भेड़िये, भेड़ों में घुसे हैं
होती थी प्रजातंत्र की जो गाय कहाँ है?

जनता का है, जनता से है, जनता के लिए है
कागज़ पे है, सचमुच में मगर हाय कहाँ है?

हिंसा है, दुराचार है, चोरी है, दग़ा है
इस पर भी वो कहते हैं, कि अन्याय कहाँ है?

तारीख़ पे तारीख़ पे तारीख़ पे तारीख़
हर ओर अदालत हैं, मगर न्याय कहाँ है?

38

जुगनू रहूँ कि चाँद कि जलता दिया रहूँ
बस ये कि रोशनी का इशारा बना रहूँ

मुझसे बड़ी उमीद है अब तक बहार को
सदियाँ गुज़र गई हैं मैं कैसे हरा रहूँ

मुट्ठी में बंद रेत हूँ मुझको सहेज ले
ये तेरे हाथ में है मैं कब तक तेरा रहूँ

ज़िन्दों का शह्र है तो कोई बोले ज़िन्दाबाद
मैं इंक़लाब बोल के कब तक खड़ा रहूँ

39

नज़रें हटीं ज़रा सी कि सोहबत बिगड़ गई
रह कर कबूतरों में मेरी छत बिगड़ गई

इक रोज़ उसने शौक़ में सूती पहन लिया
रेशम की एकदम से ही क़ीमत बिगड़ गई

हमने ही बार-बार चुने ऐसे हुक्मरां
किस मुँह से हम कहें कि सियासत बिगड़ गई

इक तख़्त एक ताज औ' दस-बीस अशर्फ़ियाँ
इतने में ही फ़क़ीर की नीयत बिगड़ गई

सूली चढ़ा मसीहा तो इन्सान चुप रहे
इस तरह ज़ुल्म वालों की आदत बिगड़ गई

इतने बड़े हैं घाघ सियासत के सूरमा
इनको सुधारने में अदालत बिगड़ गई

40

जब मुश्किल हालात लगे
रिश्ते चिकने पात लगे

सच कहना भर काम मेरा
लगती हो गर बात, लगे

मेरा दिल तारीफ़ तेरी?
ये तो भीतरघात लगे

दिल की बाज़ी यार अजब
जीतें भी तो मात लगे

बातों भर गर्मी थी बहुत
ठण्डे पर जज़्बात लगे

दिल थोड़ी है, चाँद है वो
लौट आएगा रात लगे

मेरा हाफ़िज़ आप ख़ुदा
फिर किसकी औक़ात लगे

41

फ़िक्र सब की मेरा करतार किया करता है
वो बड़ा है, जो भी करता है बड़ा करता है

रात गिनता के जगाता है सिपाही शायर
सुब्ह दुनिया में वही रंग भरा करता है

वो मुझे ख़्वाब में मिलने का दिलासा दे कर
फिर मेरे नींद न आने की दुआ करता है

उनके हिस्से में भी काँटों की चुभन होती है
जिनकी क़िस्मत वो गुलाबों से लिखा करता है

अच्छा करता है बुरा करता है क्या करता है
जो भी करता है वो हर बार नया करता है

भेजता कौन था फिर ख़त का जवाब इतने दिन
जबकि उस घर में कोई और रहा करता है

42

रोज़ तारे खंगालता हूँ मैं
जाने किसको तलाशता हूँ मैं

आपको शायरी से मतलब है
और रातें बिगाड़ता हूँ मैं

आज ये सोचने में बीत गया
कुछ ज़्यादा ही सोचता हूँ मैं

ये जो बच्चा सुकूँ से सोया है
इसकी ख़ातिर ही जागता हूँ मैं

क्यों मुझे ढूँढ कर नहीं लाते
एक अरसे से लापता हूँ मैं

जिस तरफ़ कोई भी नहीं जाता
ऐसी मंज़िल का रास्ता हूँ मैं

आसमानों पे नाम लिख-लिख कर
अपनी धरती तलाशता हूँ मैं

इक तेरा फ़ोन जो नहीं लगता
कितने मतलब निकालता हूँ मैं

43

मेयार-ए-वक़्त पर मेरे अश'आर तोलिए
कितने हैं इंक़लाब के आसार तोलिये

[illegible]'ओ गिज़ाज ओ हुस्न-ओ-तग़ज़्ज़ुल-ओ-पैराहन
ऐसे तराज़ुओं से न किरदार तोलिए

बेवज़्न हैं ख़बर तो न दिल कीजिए दुःखी
जो वज़्न देखना हो तो अख़बार तोलिए

दुश्मन जो सर झुका दे तो गर्दन न काटिए
क़दमों में कोई हो तो न दस्तार तोलिए

44

खो देने का तुमको जो था वो डर निकल गया
मैं आज अपने ख़ौफ़ से बाहर निकल गया

मुझको हवा सुना रही थी मेरी ही ग़ज़ल
एहसास तेरे होने का छू कर निकल गया

मेरी वफ़ा में ही रही होगी कमी ज़रूर
उसकी नज़र में दूसरा बेहतर निकल गया

कलजुग के द्रोणाचार्य की हालत न पूछिए
ठेंगा जो एकलव्य दिखा कर निकल गया

45

चूक गया फिर जल जाने की कोशिश में
शिद्दत कम थी परवाने की कोशिश में

दो सच आपस में लड़ भिड़ कर फ़ना हुए
इक दूजे को झुठलाने की कोशिश में

मांगा होता तो जाँ भी दे देता, पर
वो था मुझको हथियाने की कोशिश में

आँख बचा कर निकला हूँ जैसे-तैसे
नज़रें थी फिर टकराने की कोशिश में

मत पूछो किस जद्दोजहद से गुज़रे हैं
ख़ुद को ख़ुद तक पहुँचाने की कोशिश में

रात ढले जुगनू ने रस्ता दिखलाया
दिन वाले थे भटकाने की कोशिश में

46

उकता के तर्क-ए-इश्क़ का ऐलान कर दिया
उसने तो मेरा काम ही आसान कर दिया

दुनिया से छुप-छुपा के रखा दौलत-ए-सुख़न
मैंने अमीर-ए-शह्र पे एहसान कर दिया

होने से उसके ख़ुश थे दरख़्त-ओ-गुल-ओ-सबा
इक गिलहरी ने बाग़ को वीरान कर दिया

पाक़ीज़गी की ज़ात में ताक़त तो देखिए
पत्थर पे गिर के फूल ने भगवान कर दिया

अरसे से दर्द था ना ग़ज़ल हो रही थी सो
अच्छा किया कि आप ने उन्वान कर दिया

47

ये कह कर ले गए बच्चे पिता की जान क़िस्तों में
ख़रीदेंगे नई दुनिया इन्हीं आसान क़िस्तों में

मुझे हर सुब्ह आईने में मिलता है नया कोई
मैं ख़ुद को कर रहा हूँ आजकल हैरान क़िस्तों में

बम-ओ-बंदूक, चीख़ें, ज़ख़्म, हमदर्दी औ' तक़रीरें
सियासत बेचती है मौत का सामान क़िस्तों में

मुहब्बत की महक तारी रहे ता-उम्र इस ख़ातिर
ठहर कर डालिए इस आँच पर लोबान क़िस्तों में

ज़मीनें बेच कर इक रोज़ ख़ुद्दारी ख़रीदी थी
अभी तक भर रहा हूँ जेब से नुक़्सान क़िस्तों में

इकट्ठा हो गए जिस दिन ये क़तरे, बांध तोड़ेंगे
दीवाने लिख रहे हैं इक नया दीवान क़िस्तों में

48

तीरगी की अपनी ज़िद है, जुगनुओं की अपनी ज़िद
ठोकरों की अपनी ज़िद है, हौसलों की अपनी ज़िद

कौन सा क़िस्सा सुनाऊँ आपको, मुश्किल ये है
आँसुओं की अपनी ज़िद है, क़हक़हों की अपनी ज़िद

गीत मेरे चूम आएँगे तुम्हें बनकर सबा
सरहदों की अपनी ज़िद है, हसरतों की अपनी ज़िद

रास्तों ने ख़ूब समझाया, उलझना मत, मगर
रहज़नों की अपनी ज़िद है, रहबरों की अपनी ज़िद

हाय टपका है लहू फिर आज के अख़बार से
चाकुओं की अपनी ज़िद है, पसलियों की अपनी ज़िद

धड़कनों की बात मानूँ या कि आईने की अब
आरज़ू की अपनी ज़िद है, झुर्रियों की अपनी ज़िद

49

ज़िन्दगी के सफ़र का पता कुछ नहीं
आके मंज़िल पे हमको मिला कुछ नहीं

एक [illegible] में ये ज़िन्दगी यूँ है फिर
हमने सब कुछ किया पर हुआ कुछ नहीं

रुक गई मेरी धड़कन जिस इक बात से
तुमको कहने में शायद लगा कुछ नहीं

क्या कहा तुमको इक और मौक़ा मैं दूँ?
मेरे माथे पे ऐसा लिखा कुछ नहीं

ये दवाएँ ये आलात ले जाइए
इनमें से अब मेरे काम का कुछ नहीं

फिर नई इक अदा से सताया मुझे
कान के पास आए, कहा कुछ नहीं

सिर्फ़ तुम थे मगर पल में तुम भी न थे
इस से ज़्यादा धुएँ में दिखा कुछ नहीं

50

जब तेरी मांग में सिंदूर भरा जाएगा
मेरी बर्बादी का अफ़साना कहा जाएगा

पहले वो मुझको सुनाएँगे सज़ा चाहत की
और फिर जश्न का ऐलान किया जाएगा

क़त्ल कर देगी मुझे ज़ेहन की ये तन्हाई
उसको पर हादसे का नाम दिया जाएगा

जो भी अच्छा था वो तुमसे था कहेगी दुनिया
हर बुरा वक़्त मेरे नाम लिखा जाएगा

ख़ून सपनों का, मुहब्बत का, वफ़ा का, दिल का
रंग मेहंदी का बहुत सुर्ख़ बना जाएगा

जब तलक दुनिया उसे ठीक तरह समझेगी
तेरा दीवाना बहुत दूर चला जाएगा

बात निकलेगी कभी दर्द के नग़मों की तो
मेरे क़िस्से को भी ग़ज़लों में गिना जाएगा

झूठी चाहत को तेरी भूल भी जाऊँ लेकिन
बेवफ़ाई का सबक याद रखा जाएगा

तुझको खोने का जो दुख है ये मेरे सीने पे
किस तरह बोझ उठा कर ये जिया जाएगा

इसलिए मैं तो सुनाता ही नहीं दुःख अपना
बातों बातों में तेरा नाम भी आ जाएगा

मैंने सोचा ही नहीं था ये तेरी उल्फ़त में
ऐसे दिन भी ये मेरा इश्क़ दिखा जाएगा

बेवफ़ाई के सब इल्ज़ाम उठा के सर पे
जाते-जाते भी वफ़ा तेरी निभा जाएगा

51

माथापच्ची, मारामारी है कि नहीं
दुनिया वालो, इश्क़ बीमारी है कि नहीं

हम ही काँधे ले कर घूमें दुनिया को
दुनिया की कुछ ज़िम्मेदारी है कि नहीं

रोज़ ही कहती है कल मिलने आऊँगी
बोलो ये वादा सरकारी है कि नहीं

इसमें वन प्लस वन भी वन ही होता है
इश्क़ भी अलजेबरा से भारी है कि नहीं

कब से बातों में उलझा कर रक्खा है
शायर में भी इक फ़नकारी है कि नहीं

नज़्म

सियासी बाढ़

आइए, आँसू का दम दिखलाइए
आइए, घड़ियाल को झुठलाइए

दर्द, रुदन, मृत्यु, भय, दुख, शव, घुटन
इनके आगे फोटुएँ खिंचवाइए

कितने मुस्लिम, कितने हरिजन लाश हैं
अपने चेलों से अभी गिनवाइए

आप के वोटर के बच्चे कम मरे?
और भी दो-चार-दस मरवाइए

अश्क के तालाब हैं चारों तरफ़
इनमें रोहू मछलियाँ ढुंढवाइए

आप पर जिसने लगाए प्रश्न-चिन्ह
उस सवाली क़ौम को गरियाइए

यह व्यवस्था आप ही की देन है
पर विपक्षी दल के सर टरकाइए

युद्ध स्तर की कार्रवाई का चरम
पैकेटों में पूड़ियाँ बाँटवाइए

हुस्न लीचियों का

लो आ गई बाज़ार में तैयार लीचियाँ
बागान-ए-मुज़फ़्फ़र की मज़ेदार लीचियाँ

कर देती हैं [illegible] मुझे बीमार लीचियाँ
जब कनखियों से देखती हैं यार लीचियाँ

किसको न लुभा लेंगी ये अपनी अदा से हाए
ये सुर्ख़ ये ताज़ा ये चमकदार लीचियाँ

अंदर से से हैं मख़मल सी प बाहर से खुरदरी
बिल्कुल ही तेरे जैसी अदाकार लीचियाँ

पेड़ों से इन्हें तोड़िये बा इश्क़ बा अदब
यूँ ही नहीं उतरती हैं ख़ुद्दार लीचियाँ

छीलें तो सलीक़े से कि नाख़ून लग न जाए
कर देती हैं रस की बड़ी बौछार लीचियाँ

होली न दशहरा है मगर माह-ए-जून में
ख़ुद में ही समेटे कई त्यौहार लीचियाँ

मैं जितना तलबगार हूँ इन लीचियों का दोस्त
मेरी भी हैं उतनी ही तलबगार लीचियाँ

रूठ जाने के ग़म

ख़ुश तेरा होना है क्रेडिट, और डेबिट रूठना
हाई टेंशन ज़िन्दगी में शॉर्ट सर्किट रूठना

मुझ ग़रीब-ए-शह्र को यूँ लूट जाने के हुनर
और भी तुझमें हैं लेकिन अस्ल मेरिट रूठना

जा मिली है ख़ून के ही साथ ये आदत सनम
अब ज़रूरत से ज़ियादा उनका हैबिट रूठना

डेट, शॉपिंग, फ़िल्म, आउटिंग, और भी कितने जुगत
लॉस करता है मनाना और प्रॉफ़िट रूठना

बात मनवाने का है सीढ़ीनुमा इक रास्ता
'प्लीज़', 'सॉरी', 'हुँह!', 'सुनो ना', 'जाओ!', फाइट, रूठना

मंच-प्रपंच

आयोजक से कवि बने, लाला दौलत लाल
कबिरा तेरे देस में कविता का ये हाल

'नमन' [illegible] [illegible] '[illegible]' यूँ होती शुरुआत
माँ वाणी भी देख लें कवियों के हालात

मदिरा में मदमत्त हों, तभी रहे संतोष
बच्चन, तेरे ग्रन्थ फिर कवि देते दोष

'बाण' 'प्राण' का क़ाफ़िया, कर देते हैं 'जान'
'ग़ालिब' का मक़्ता लगा, और करें अपमान

चिल्लाने में ख़ूब हैं, टेढ़े मेढ़े छंद
अपने आगे मानते, दिनकर को भी मंद

चुल्लू भर स्याही उठा डूब मरें सब शब्द
यति, गति, लय घायल पड़े, तुकबन्दी का अन्त

इस रंगीन बदलती दुनिया में

दोस्त पांडा,
कितना मुश्किल होता है ना
इस रंगीन दुनिया में
ब्लैक ऐंड व्हाईट रहना!
कैसे रह लेते हो,
सिर्फ़ स्याह और सफ़ेद?
मैं जहाँ-जहाँ सफ़ेद हुआ
दुश्मन बढ़े।
मैं जहाँ-जहाँ स्याह हुआ
दुश्मन बढ़े।
तब ओढ़ ली मैंने -
रंगीन ख़ाल;
बल्कि ये कहो,
रंग बदलने वाली ख़ाल।
जो जिस रंग का आया
वैसा रंग पहन लिया मैंने।
तब
मेरे दोस्त बढ़े -
ख़ूब बढ़े, ख़ूब बढ़े;
सब रंगीन ख़ाल वाले।
अब मेरी पूरी दुनिया रंगीन है,
बस तुम्हारे सिवा।

लेकिन मेरे बच्चे के प्यार हो तुम।
तमाम रंगीन खिलौनों के बीच,
तुम,
ब्लैक ऐंड व्हाईट पांडा!
वो तुम्हें ही अपनी दुनिया समझता है।
बच्चा है ना!

रंग तुम्हारी याद के

दीवाली पर घर की सफ़ेदी की तैयारी
सफ़ेदी की तैयारी में निकली पुरानी बैंगनी डायरी
बैंगनी डायरी में जज़्बात की तरह पीले पड़ चुके पन्ने
पीले पन्नों में सजी तुम्हारी गुलाबी यादें
गुलाबी यादों में दहकते तुम्हारे सुर्ख़ होंठ
सुर्ख़ होंठों पर थिरकती चम्पई मुस्कान
चम्पई मुस्कान से खिल उठी तुम्हारी भूरी आँखें
भूरी आँख के नीचे क़ातिल काला तिल
काला तिल देख कर मेरे दिल में नाचती हरियाली
हरियाले मन में अंगड़ाई लेती अल्हड़ बसंती हिलोर
बसंती हिलोर में गोते लगाते आसमानी ख़्वाब
आसमानी ख़्वाब में फैली सिन्दूरी गोधूलि
सिन्दूरी गोधूलि में टहलते नीले बादल
नीले बादलों से निकली बेरंग पानी की बूँद
बेरंग बूँद के पीछे सुनहरा सूरज
सुनहरा सूरज जिसकी रौशनी में
बेरंग बूँद से छिटकी सतरंगी रौशनी।
घर दीवाली की तैयारी में था
और मेरी होली हो ली!

शह-मात

ज़िन्दगी के बोर्ड पर
मैं तुम्हारे साथ
लूडो खेल रहा था
रंग बिरंगी गोटियाँ
जैसे ज़िन्दगी के रंग
छोटे छोटे खाने
जैसे ज़िन्दगी के क़दम
सितारे वाले ख़ाने
जैसे ज़िन्दगी के पड़ाव
पासे के नन्हे तिल
जैसे भाग्य-रेख
मस्ती, खींचातानी, धमाचौकड़ी, भाग-दौड़, काटा पीटी
होम!
उसी बोर्ड पर
तुम मेरे साथ
शतरंज खेल रही थीं
स्याह-सफ़ेद ख़ाने
चाल, योजना, घेराव, काटना, शह
मात!
नहीं कहता कि मैं सही था
नहीं मानता कि तुम सही थीं
दोनों ग़लत थे
ज़िन्दगी खेल थोड़ी है!

प्रेम तो नदी करती है

तुम्हारी स्वीकारोक्ति की प्रतीक्षा नहीं है मुझे
समर्पण में स्वीकार की चिंता क्या?
अनुबंध तो व्यापार में होते हैं
अदला-बदली तो सौदे में होती है
मैंने तो समर्पण किया है
मैंने तो 'मैं' का विलय तुम में कर दिया है
तुम्हारे वजूद में अब मैं शामिल हूँ
तुम क्या चाहते हो, इसकी प्रतीक्षा क्यों करनी?
उत्तर की प्रतीक्षा का अर्थ है,
रास्ता बदलने का इंतज़ार
इसमें हास है, उपहास है, प्रेम नहीं!
प्रेम तो नदी करती है
उत्तर की प्रतीक्षा नहीं करती
लगा देती है दौड़ समुद्र की तरफ़
और अपने समस्त वजूद का
विलय कर देती है अपने समुद्र में।
ईश्वर ने
मुझे नदी, और तुम्हें समुद्र बनाया है
और तुम में विलीन होना मेरी नियति है।

तुम्हारे जैसा

मैं
तुम्हारे जैसा नहीं हूँ
मैं
तुम्हारे जैसा होना भी नहीं चाहता
सच पूछो तो
चाहूँ, तो भी नहीं हो सकता
क्योंकि मैं
तुम नहीं हूँ
और तुम्हारे जैसी
केवल तुम ही हो सकती हो
निष्ठुर... निर्दयी... निर्मम... निर्मोही
नियति

चे ग्वेरा के नाम

सुनो चे!
भारत तुम्हें बहुत याद करता है।
यहाँ के पोस्टर बॉय हो तुम।
ड्यूड टाइप लड़के
पहनते हैं,
तुम्हारे प्रिंट वाली
टोपियाँ, टी-शर्ट, बनियान, जैकेट,
टैटू करवाते हैं तुम्हारा।
जानते नहीं तुम्हारे बारे में ज़्यादा;
ज़्यादा क्या,
अधिकतर तो बिल्कुल नहीं जानते।
अब यह सवाल मत करना
कि जानते नहीं तो पसंद क्यों करते हैं?
क्योंकि वो ड्यूड टाइप लड़के
सवाल-जवाब में नहीं पड़ते।
वो सवाल करना ही नहीं जानते।
अगर वो तुम्हें जानते,
तो सवाल करना भी जानते।
वो तुम्हारी टोपी जानते हैं,
तुम्हारी दाढ़ी जानते हैं,
तुम्हारे लम्बे बाल जानते हैं
लेकिन तुम्हें नहीं जानते।
तुम्हारी गहरी आँखें उन्हें अच्छी लगती है
लेकिन उन्हें उनकी गहराई का अंदाज़ा नहीं है।
तुम्हारे सिगार का धुआँ उन्हें आकर्षित करता है
लेकिन दिल में लगी आग का नहीं पता।
बहरहाल,

अच्छा हुआ कि तुम यहाँ
सिर्फ़ एक चेहरा बने
क्योंकि यहाँ
चेहरों की उम्र
विचारों से लंबी होती है।
बहुत दिन जियोगे चे,
टोपियों में,
टी-शर्ट्स में,
बनियानों में,
जैकेटों में,
टैटूओं में!

ऊँची बालकनी का नशा

मेरे घर के सामने
ख़ाली प्लॉट है
और उसमें उग आते हैं
भांग के पौधे।
भांग की खुली पत्तियाँ
जैसे
पसरे हों सैंकड़ों हाथ,
आपके सामने।
और आप
उन पत्तियों से तीस फिट ऊपर
बैठे हों अपनी बालकनी में।
मेरे सामने
याचक भाव में पसरे
ये सैकड़ों हाथ
जिन्हें मैंने आज तक कुछ भी नहीं दिया,
वो मुझे रोज़ देते हैं,
नशा -
भांग की ही तरह
ऊपर, हवा में होने का,
भरम -अशरफ़-उल-मख़लूक़ात होने का।

यूरेनियम

दिल के, सपनों के, उम्मीदों के
आंगन के, रिश्तों के
और विश्वास के –
पहले होंगे टुकड़े
फिर छोटे टुकड़े
फिर और छोटे टुकड़े
फिर और छोटे
फिर और छोटे
अब एक सलाह देता हूँ –
अगर यहाँ तक आ जाओ
तो अब यहाँ मत रुकना!
फिर और छोटे करना
बहुत छोटे
जब तक इतने छोटे न हो जाएँ
कि और छोटे न हो सकें।
पता है तुमने क्या बना लिया है? – परमाणु!
इसके आगे सृजन है, ऊर्जा है, नवनिर्माण है।
टूटो,
बनने के लिए!

कोयले की कोठरी

मैंने कहा –
''कोई भी रंग
सबसे सुंदर नहीं होता,
वरना दुनिया एक ही रंग में रंगी होती।''
मैं कवि हुआ।

मैंने कहा –
''कोई भी व्यंजन
सबसे स्वादिष्ट नहीं होता,
वरना सबकी जीभ पर एक ही स्वाद होता।''
मैं कवि हुआ।

मैंने कहा –
''कोई भी गंध
सबसे प्यारी नहीं होती,
वरना हम सब एक जैसे महकते।''
मैं कवि हुआ।

मैंने कहा –
''कोई भी सरकार
सबसे अच्छी नहीं होती,
वरना लोकतंत्र का उदय ही नहीं होता।''
मैं देशद्रोही हुआ।
मैं पागल हुआ।
मैं मूर्ख हुआ।
मेरा ख़ानदान नाली का कीड़ा हुआ।

एक ही अनुभव
अनेक सरकारों से पाने के बाद
मैंने जाना,
कि लोकतंत्र,
अल्पकालीन राजतंत्रों के
रिले रेस से अधिक
कुछ भी नहीं

असंभव

मैं चाहता हूँ
फिदेल कास्त्रो की धुन पर नाचना,
मैं चाहता हूँ
पिकासो की कविता पर वाह-वाह करना,
बाँसुरी सुनना शेक्सपियर की, मोज़ार्ट की पेन्टिंग देखना
चाहता हूँ मैं।
और मैं चाहता हूँ
कि तुम मुझे स्वीकार कर लो।

बाक़ी असम्भव यदि मैं होते हुए देख पाया
तभी साहस करूँगा यह पूछने का
कि क्या तुम मुझे स्वीकार करोगी?

क्योंकि मुझे
दुनिया भर के इतिहास का बदल जाना
अधिक संभव लगता है,
एक मेरे भविष्य के बदल जाने के मुक़ाबले

मार डालो

मार डालो
हर उस व्यक्ति को,
जो तुम्हारे जैसा नहीं सोचता।
मिटा दो
हर उस आदमी को,
जो तुम्हारे जैसा नहीं दिखता।
ख़त्म कर दो
हर उस इन्सान को,
जो तुम्हारे जैसा नहीं खाता,
नहीं लिखता, नहीं बोलता, नहीं पहनता।
लेकिन
फिर अपने अंगूठे से कहो
कि रेत डाले तुम्हारी बाक़ी उंगलियों को,
क्योंकि सभी उंगलियाँ बराबर नहीं।
अपने एक कान से कहो
कि काट डाले तुम्हारे दूसरे कान को,
क्योंकि दोनों कान उल्टी दिशा में हैं।
कहो अपनी अक्ल-दाढ़ से
कि तोड़ डाले बाक़ी के सभी दाँत,
क्योंकि तुम्हारे सभी दाँत अलग-अलग दीखते हैं।
और फिर फोड़ लो अपनी आँखें
क्योंकि तुम्हारी दोनों आँखें
आकाश का अलग-अलग विस्तार देखती हैं।
अगर यह आख़िरी काम करने की हिम्मत है तुममें,
तो मेरा समर्थन है,
जाओ,
पहले काम से शुरू करो और बसा लो

अपनी पसंद की
एक ऊँगली, एक कान और एक दाँत वाली दुनिया,
जहाँ सबकी आँखें फूटी होंगी,
तुम्हारी तरह।

बाढ़

धनेसर का छप्पर उधर बह रहा है
किसन का टिरेक्टर उधर बह रहा है
इधर बह रही है सनिचरा की बुढ़िया
उधर बह रही है गनेसा की गुड़िया

गनेसा को बेटी बिहानी थी अबके
बताता था ख़ुद से ही घर जा के सबके
नहा लेंगे गंगा, इ कादो निबट ले
कथा ले के जाएँगे, भादो निबट ले
कमर कस के रक्खे हैं पूरी तैयारी
औ' पटना से लाए जमुनिया की सारी
जमुनिया की सारी बही जा रही है
रे दुनिया हमारी बही जा रही है

बहा जा रहा है चनरमा का सीसम
झगड़ता था, जिसके लिए सबसे हरदम
वो बकरी जो खाती थी सीसम की डारी
बही जा रही देखो वो भी बेचारी

बियाने ही वाली थी बचुआ की गइया
बही उसके साथे कन्हैया की मइया
अजहरवा जो दस का था, उ भी बहा है
दया दो बरस का था, उ भी बहा है
अदितिया, सुनाली, अजय्या, महेसर
अकीला, सुबरना, सुरेन्दर, महेन्दर
बहा है उमर भर का सपना सभी का

कि कोई न कोई था अपना सभी का
फसल-खेत-बारी बही जा रही है
रे दुनिया हमारी बही जा रही है
हे भोले भंडारी, बही जा रही है
रे पकड़ो रे पकड़ो, बही जा रही है
रे रोको रे रोको, बही जा रही है
सम्हालो, सम्हालो, बही जा रही है
बचा लो बचा लो, बही जा रही है
हे राधे मुरारी, बही जा रही है
रे दुनिया हमारी बही जा रही है

जमूरे जम्हूरियत के

हाथी घोड़ा पालकी
जय कन्हैया लाल की!

वही मदारी, वही डुगडुगी
बदलेगा बस बन्दर
अन्दर वाला बाहर जाये,
बाहर वाला अन्दर!

यही सिलसिला, यही कहानी
है बस सालों-साल की
जय कन्हैया लाल की!

हाथी घोड़ा पालकी
जय कन्हैया लाल की!

वही इशारे, वही गुलाटी
वो ही कूदा-फाँदी
इधर बँटेगा चना-चबेना
उधर कटेगी चाँदी
ऐसी की तैसी हो तेरे
अनशन और हड़ताल की
जय कन्हैया लाल की!

हाथी घोड़ा पालकी
जय कन्हैया लाल की!

प्यार सब कुछ

काश तुम ये जानती कि
उस जगह पर अब नहीं फोटो तुम्हारी
काश तुम ये जानती कि अब वहाँ पर
टांग दी है इक घड़ी मैंने बड़ी सी
और इसकी वजह ये बिलकुल नहीं कि
देखनी है घड़ी मुझको, या कि गिनने हैं मुझे दिन
अस्ल वजह ये है कि बरसों से टंगी थी जो फ़ोटो
वो हटाने से वहाँ पर बन गया था बदनुमा बदरंग धब्बा
और हालाँकि ये मुमकिन था कि उसपर रंग-ओ-रोगन
कर के मैं उसको मिटाता
और मेरी दीवार पर थोड़ा बहुत जो हक़ तुम्हारा था
उसे भी भूल जाता।
पर सुना था वक़्त के मलहम में वो ताक़त है कि जो
ज़ख़्म भर देता है सारे
इसलिए दीवार के उस ज़ख़्म को छोड़ा है मैंने
उस घड़ी के अब सहारे
काश तुम ये जानती कि किस तरह
अब रतजगों में
मैं उसी दीवार पर लटकी घड़ी की
बेसुरी टिक-टिक में घुस कर
ढूंढ लेता हूँ बिलावल, भैरवी, अनुरंजिनी, मल्हार सब कुछ
काश तुम ये जानती कि
मेरी ख़ातिर था तुम्हारा प्यार सब कुछ

व्यथा-कथा

गीत के बौर फिर से पनपने लगे, दर्द मुखड़ा तड़प अन्तरे हो गए
अब्र बरसा तो यादें बरसने लगीं, ज़ख़्म के ठूँठ फिर से हरे हो गए

अश्क का बीज बोया नहीं सोच कर
वक़्त, मिट्टी, हवाओं का संयोग था
मेरे नक्षत्र ही मेरा अपराध थे
मेरी ख़ुशियों पे दुक्खों का दुर्योग था
पेड़ की टहनियों जैसे क़िस्से थे जो, उम्र बढ़ने लगी, खुरदरे हो गए
अब्र बरसा तो यादें बरसने लगीं, ज़ख़्म के ठूँठ फिर से हरे हो गए

हम सयानों के मेले में अल्हड़ हुए
हम बहारों के मौसम में पतझड़ हुए
और क़ुदरत के ये खेल समझे भी तब
जब मुहब्बत के एहसास तक जड़ हुए
सारी संवेदनाएँ उधड़ने लगीं, धागे जज़्बात के इकहरे हो गए
अब्र बरसा तो यादें बरसने लगीं, ज़ख़्म के ठूँठ फिर से हरे हो गए

तो कहिए कि लटकनवा कैसे कमाया?

न अइसे कमाया, न वइसे कमाया
तो कहिए कि लटकनवा कैसे कमाया?

न ईमान बेचा, न इज़्ज़त गवाया
न मंत्री के पाहुन को ठेका दिलाया
न चोरी के पैसे का शेयर ख़रीदा
न फ़ौजी की विधवा का हिस्सा चुराया
न एमपी एमएलए का सौदा कराया
तो कहिए कि लटकनवा कैसे कमाया?

न बेनामी धरती, न फोरेन से आमद
न चाचा विद्यायक, न मामा सभासद
औ' माथा छिपाने को पीपल न बरगद
मगर घर से नोटों की गड्डी बरामद
न किरकेट के खेला में सट्टा लगाया
तो कहिए कि लटकनवा कैसे कमाया?

न साधू सी बातें, न मजमा लगाया
न मंजन ही बेचा, न आसन सिखाया
न दारू की भट्ठी, न पिया-पिलाया
न हीरे की स्मगलिंग, न गांजा दिलाया
चरित्तर का सीधा, न लड़की उठाया
तो कहिए कि लटकनवा कैसे कमाया?

न दूजे के हिस्से की धरती ही बेची
न मार्कशीट छापा, न डिग्री ही बेची
औ' बन के सिपाही न वर्दी ही बेची
न तो बाप-दादा की कोठी ही बेची
न बेचा जो मैडल वो बउआ कमाया
तो कहिए कि लटकनवा कैसे कमाया?

न अइसे कमाया, न वइसे कमाया
तो कहिए कि लटकनवा कैसे कमाया
नहीं जानते हैं ना कैसे कमाया
तो सुनिए, बताते हैं कैसे कमाया
हर एक महीने में ब्लड बैंक जा कर
वहाँ नर्स-डाक्टर को उल्लू बनाकर
बदन भर का सब ख़ून उनको पिलाकर
वो घर लौट आता था पैसे कमाकर
वो घर लौट आता था ऐसे कमाकर
गरीबी भगाने को फिर उम्र भर को
वो बेच आया गुर्दा किसी डाक्टर को
सुना है कि लटकन बचेगा न ज़्यादा
मगर अब भी लोगों पे हँसता है नादाँ
वो कहता है दुनिया को उल्लू बनाया
समझता है दुनिया को उल्लू बनाया
तो देखो कि लटकनवा कैसे कमाया
रे हाय रे लटकनवा कैसे कमाया!

और एक निर्भया

सियासी दानवो, अख़बार वालो, हुक़्मरानो
धरम के ठेकेदारो और समाजी देवताओ
कुछ आटा गूंध कर रख लो, तवा तैयार कर लो
ये बेलन और वो चौकी ज़रा सा पास धर लो
कहीं पर दामिनी लुटती ही होगी भेड़ियों में
कहीं पर निर्भया मरती ही होगी झाड़ियों में
ये घटना देश का जब मर्म हो ले हर तरह से
तवा जैसे ही पूरा गर्म हो ले हर तरह से
शराफ़त का ये चोला नोंचकर तब फेंक देना
सब अपनी रोटियाँ अच्छी तरह से सेंक लेना
तुम्हारे पास आटे की नहीं कोई कमी है
जो पानी कम पड़े तो फिर हमारा ख़ून भी है
उसी से गूंधना फिर सेंक कर बाज़ार जाना
जहाँ ईमान बेचा था, वही पर बेच आना
मगर ये याद रखना जब समय तुम पर पड़ेगा
जो अब तुमने किया, वो ही तुम्हारे साथ होगा

रे दुनिया

रख अपनी अख़बारी दुनिया
हाय तेरी दो-धारी दुनिया
बाहर बाहर शबनम शबनम
अन्दर मे चिनगारी दुनिया

ग़ज़ब तेरी फ़नकारी दुनिया
अजब तेरी दुश्वारी दुनिया
तू मेरी लाचारी है या
मैं तेरी लाचारी दुनिया

कैसी कारोबारी दुनिया
माँ की आँख भिखारी दुनिया
झूठी दौलत झूठी शोहरत
अव्वल झूठी सारी दुनिया

लिए हाथ में आरी दुनिया
मर्डर की तैयारी दुनिया
दिल मासूम हिरनिया जैसा
धोखेबाज़ शिकारी दुनिया

कभी कभी किलकारी दुनिया
कभी कभी सिसकारी दुनिया
कभी कभी बेरंग बेमज़ा
कभी कभी पिचकारी दुनिया

किसकी ठेकेदारी दुनिया
किसकी ज़िम्मेदारी दुनिया
चलता है सब राम भरोसे
लगती है सरकारी दुनिया

सब स्वारथ की मारी दुनिया
अपनी पेट-पुजारी दुनिया
थोड़ी-थोड़ी हलकी-फुल्की
थोड़ी-थोड़ी भारी दुनिया

भानूमती पिटारी दुनिया
आफ़त की अलमारी दुनिया
दिखे नहीं, पर दर्द उठाए
अल्सर की बीमारी दुनिया

मैं कवि

जिस दिन मेरे गीत पिए जाएँगे मय में घोल कर
जिस दिन मेरे गीत बिकेंगे अख़बारों संग तौल कर
जिस दिन मेरे छपे गीत पर चूरन बेचा जाएगा
जिस दिन मेरे गीत गली में फक्कड़ बूढ़ा गाएगा
जिस दिन मेरे गीत किसी के आँसू को ठहरा देंगे
जिस दिन मेरे गीत किसी के ज़ख़्मों को सहला देंगे
जिस दिन मेरे गीत में कोई राधा किशन को पा लेगी
जिस दिन मेरे गीत से कोई माँ बच्चा बहला लेगी
जिस दिन मेरे गीत के टुकड़े ट्रक के पीछे लिख जाएँ
जिस दिन मेरे गीत को गाते कुछ बंजारे दिख जाएँ
जिस दिन मेरे गीत बेच कर कोई बच्चा पल जाए
जिस दिन मेरे गीत जला कर कोई चूल्हा जल जाए
उस दिन मुझको कवि कह लेना
उस दिन मुझको कवि कह लेना

तुम्हें पता तो होगा प्रीती!

तुम्हें पता तो होगा प्रीती!
इसी महीने की सोलह का
कार्ड मिला तो होगा प्रीती
तुम्हें पता तो होगा प्रीती!

मुझसे पहले ये ख़ुशख़बरी
तुम तक तो पहुँची ही होगी
चाहे कोई दे या ना दे
ख़बर किसी से ली ही होगी
वही पुराना स्टाइल तुम्हारा
'बोलो ना, बतलाओ ना,
क़सम है तुमको मेरे सर की
सच्ची में, बतलाओ ना'

अच्छा, ये सब छोड़ो! तुमसे
और बहुत कुछ बतलाना था
पिछले साढ़े तीन साल का
क़िस्सा भी तो दुहराना था
जब से तुम यूँ गई छोड़ कर
यही सोचकर सदमे में था
बड़ी बेवफा निकली प्रीती
मैं भी किसके धोखे में था?
अलगे कुछ हफ़्तों तक बिलकुल
खाना पीना भूल गया मैं
उलटी-सीधी हरकत करना
दिन भर हँसना भूल गया मैं

कुछ यूँ ही दिन गुज़र रहे थे
इक दिन माँ कमरे में आई
मेरे सर पर हाथ फेर कर
मुझको इक तसवीर दिखाई

आधे मन से देखा उसको
नीचे नाम लिखा था – स्वाती
नज़र पड़ी सीधे ग़लती पर
यहाँ भी 'त' पर वही बड़ी 'ई'
याद है कितना लड़ती थी तुम
''ग़लत नहीं है, यही सही है
बचपन से ही यही लिखा है
तुम्हें तो कुछ भी पता नहीं है''

स्वाती क्या प्रीती सी होगी?
जाने उसका मन कैसा हो
पर ये भी धोखा ना दे दे
उस सी ना हो तो अच्छा हो
ऐसी कच्ची-पक्की बातें
कई दिनों तक मैंने सोची
फिर इक दिन सब सोच-समझकर
मैंने अपनी हामी भर दी

एक रोज़ भाभी ने आ कर
काग़ज़ का टुकड़ा पकड़ाया
उस टुकड़े पर दस अंकों का
नंबर मैंने लिक्खा पाया
ट्रू कॉलर पर नहीं मिला वो
मतलब नंबर नया-नया था

और अगर वो नया था तो फिर
मेरी ख़ातिर लिया गया था

चार दिनों तक उस नंबर को
अलट-पलट कर समय बिताया
फिर थोड़ी सी हिम्मत कर के
मैंने उसको फोन लगाया
वो दिन है और आज का दिन है
हम दोनों हैं इक-दूजे के
वो सारे ग़म भूल गया मैं
गई थी जो तुम मुझको दे के
याद है तुम कहती रहती थी
'हरदम यूँ ही हँसते रहना'
अब मैं बस हँसता रहता हूँ
किसी से थोड़ा पता तो करना

अच्छा अब मैं चलता हूँ, हाँ?
अगले हफ़्ते शादी है ना
बहुत सी तैयारी बाक़ी है
बस तुम ठीक समय पर आना
पहला कार्ड तुम्हारी ख़ातिर
मैंने सबसे अलग रखा था
मगर ज़रा सा मसला था, बस
पता तुम्हारा नहीं मिला था
इस कविता को मान निमंत्रण
शादी में तुम पक्का आना!
'कार्ड मुझे तो मिला नहीं' सा
कोई बहाना नहीं बनाना

यूँ तो पूरा पता तुम्हारा,
तेरे कार्ड पर नहीं लिखा था
'स्वर्गवासिनी प्रीती' लिख बस
गंगाजी में बहा दिया था
उसी घाट पर, जिस पर उस दिन
किया विसर्जित शेष तुम्हारा
पथराई आँखें ने, प्रीती
वही गया था कल दोबारा
रोया नहीं मगर मैं प्रीती
गंगा के आगे क्या रोना?
छोड़ो, सुनो! ज़रूरी है पर
इस अवसर पर तेरा होना
एक दफ़ा फिर से कहता हूँ
शादी में तुम पक्का आना
क़सम है तुमको मेरे सर की
सोलह को बस भूल न जाना

चाँद का मशविरा

इक तरफ़ ख़्वाब हैं, इक तरफ़ रहगुज़र,
कश्मकश में पड़ा हूँ कि अब क्या करूँ
चाँद का मशविरा है कि सो जाऊँ अब,
और जुगनू की ज़िद है कि पहरा करूँ

एक अरसा हुआ इस सफ़र पर चले
एक पल भी क़दम को न जमने दिया
पाँव ने माँगनी चाही मोहलत मगर
दिल की बेचैनियों ने न थमने दिया
चल रहा हूँ मगर, तय नहीं हो रहा,
ख़ुद से ख़ुद तक का ये फ़ासला क्या करूँ
चाँद का मशविरा है कि सो जाऊँ अब,
और जुगनू की ज़िद है कि पहरा करूँ

इतनी शिद्दत से दिल ढूँढता है सुकूँ
जैसे यादों के वन में हो प्यासा हिरन
एक दूजे की ज़िद आजमाते हुए
एक बेजान तन, एक बंजारा मन
मेरी आवारगी की हदें खो गईं,
ख़ुद को ईनाम दूँ, या कि तौबा करूँ
चाँद का मशविरा है कि सो जाऊँ अब,
और जुगनू की ज़िद है कि पहरा करूँ

मल्हार

ढारो रे मल्हार ढारो, माटी पे दुलार ढारो
धरती धधकती है, प्रीत की फुहार ढारो

खेत प्यासे, ढोर प्यासे, गावों के छोर प्यासे
साँझ प्यासी भोर प्यासे, सारे चारों ओर प्यासे
चारों ही दिशाओं की है एक ही पुकार ढारो
ढारो रे मल्हार ढारो, माटी पे दुलार ढारो

धरती की धूर को भी, वन के मयूर को भी
सजना से दूर को भी, खेत के मजूर को भी
सबको है आस तेरी, बरखा बहार ढारो
ढारो रे मल्हार ढारो, माटी पे दुलार ढारो

ढारो रे मल्हार ढारो, माटी पे दुलार ढारो
धरती धधकती है, प्रीत की फुहार ढारो

ज़ीरो से शुरू करते हैं!

एक तस्वीर बनाई थी खिले रंगों से
ज़िन्दगी के हसीं सफ़र में मिले रंगों से
लाल क्या ख़ूब था, कि उसके लब के अंगारे
और काला कि काजलों के सभी गुन हारे
नीला, नीला था कि नीलम का जैसे पत्थर हो
और धानी तो यूँ था जैसे उसकी चूनर हो
रंग ऐसे कि फ़िजां में धनक से खिलते थे
रंग ऐसे जो दुकानों में नहीं मिलते थे
हाय तसवीर क्या तसवीर बनी थी यारो
रंग राँझा के थे और हीर बनी थी यारो
मुझको ख़्वाबों की वो ताबीर लगी थी यारो
मेरे कमरे में जो जन्नत सी सजी थी यारो
मगर
मैं ज़रा देर को बाहर क्या गया कमरे से
ज़ोर आँधी का न संभला था घर के परदे से
झोंके बारिश के और उसपर हवा भी तूफ़ानी
मेरी तस्वीर के सब रंग धो गया पानी
रंग बहते थे उधर, अश्क इधर बहते थे
दिल के हर तार जैसे टूटे-टूटे लगते थे
घंटों रोया था मैं कि ख़्वाब खो गया अब तो
ऐसा लगता कि सब ख़त्म हो गया अब तो
फिर?
मगर अगले ही पल में दिल ने कहा - मेरी सुन
हुनर के धागों से यूँ ग़म के तू जाले तो न बुन
हाँ, तेरे रंग की माना कोई क़ीमत तो नहीं
पर ये काग़ज़ ही गला है, कोई क़िस्मत तो नहीं
जिस जगह से शुरू किया था वहीं चलते हैं

आओ, ज़ीरो से शुरू करते हैं!
आओ, ज़ीरो से शुरू करते हैं!
और
और उस रोज़ हमने ख़ुद से कहा, कर लेंगे
रंग भरना तो अपने हाथों में है, भर लेंगे
इसलिए दोस्त कभी ज़िन्दगी जो तंग करे
और ग़लत तेरे काग़ज़ पे सभी रंग करे
तुमने मेहनत से कोई घोंसला जो जोड़ा हो
वक़्त की आँधियों ने घोंसले को तोड़ा हो
ग़म करो, ठीक है पर ग़म को ज़्यादा वक़्त न दो
ग़म को आँसू दो उसके हिस्से का, फिर आगे बढ़ो
रंग ज़ीरो का देखो, ज़ीरो की ख़ुशबू देखो
आओ ज़ीरो से शुरू करने का जादू देखो
एक तुम हो ही, इसमें ज़ीरो लगा कर देखो
हो गए दस, यहाँ फिर ज़ीरो बढ़ा कर देखो
अब ये सौ हैं, तो यहाँ एक ज़ीरो और सही
और हर ज़ीरो के आगे यूँ ही फिर और सही
अब यही ज़ीरो होंगे लाखों, करोड़ों और अरब
यानि ज़ीरो है ज़िन्दगी को बढ़ाने का सबब
पार बादल के जाओ, आसमां आबाद रखो
ज़ीरो धरती का मगर ज़िन्दगी में याद रखो
आओ ज़ीरो से बढ़ के चाँद तलक चलते हैं
आओ, ज़ीरो से शुरू करते हैं

सोना उगाने वाले

खेतों की रंगत हो
मिट्टी की धड़कन हो
तुम ही हो धरती की शान
शुक्रिया

दुनिया की हरियाली
लोगों की ख़ुशहाली
तुम ही से है ये जहान
शुक्रिया

तू जो पसीने में, मिट्टी के सीने में
बारह महीने में प्यार बोता है
गेहूँ के दानों में, सरसों के रंगों में
आमों के रस में वो प्यार होता है
तेरी छुअन से ही
तेरी लगन से ही
सजते हैं खेत और खलिहान
शुक्रिया

धूप और छाँवों में, उल्टी हवाओं में
कैसे भी मौसम में तू न थका
गर्मी की झुलसन में, सर्दी की ठिठुरन में
बारिश की उलझन में तू न रुका
धरती के हाथों पे
मेहनत की स्याही से
क़िस्मत के खींचे हैं निशान
शुक्रिया

धरती के दुश्मन

धरती को माता कहते हैं
और धरती को दुख देते हैं
जो अपनी लापरवाही से
क़ुदरत को आँसू देते हैं
उस थाली में ही खाते हैं और छेद उसी में करते हैं
वो इस धरती के हो कर भी धरती के दुश्मन होते हैं

चिड़िया, तितली, मोर, गिलहरी, गाय, हिरनिया, कोयल
बिजली, बारिश, मिट्टी, हवाएँ, इंद्रधनुष, ये बादल
रजनीगंधा, चम्पा, जामुन, आम, पपीता, पीपल
कैसा मंज़र होगा ये सब ख़त्म हो गए गर कल
अपने स्वारथ के लालच में जो क़त्ल धरा का करते हैं
वो इस धरती के हो कर भी धरती के दुश्मन होते हैं

ज़हर उगलती चिमनी, काला धुआँ छोड़ती मोटर
पॉलीथीन के दीवाने और पान थूकते जोकर
पेड़ की चोरी करने वाले, और शिकारी तेवर
पानी की बर्बादी करने वाले मैडम और सर
जो रोज़-रोज़ इंसानों का जीना यूँ मुश्किल करते हैं
वो इस धरती के हो कर भी धरती के दुश्मन होते हैं

सितमगर सितम्बर

सितम्बर सितम्बर
सितमगर सितम्बर
वही भीगा मौसम
वही मेघ-चादर
वही बूँदें झर-झर
सितमगर सितम्बर

वही चार आँखें
वही दो सुख़नवर
वही ढाई आखर
सितमगर सितम्बर

वही चाय-अदरक
वही हल्की शक्कर
पियाली में छन कर
सितमगर सितम्बर

ज़िन्दगी

आओ! ज़िन्दगी ओढ़ लें
आओ! ज़िन्दगी ओढ़ लें
मुंह चिढ़ा कर ग़मों को, चलो
झट से ख़ुशी ओढ़ लें
आओ! ज़िन्दगी ओढ़ लें

चाँद-सितारे खुसर-फुसर करते ही हैं
शब-ए-वस्ल में ख़लल सदा बनते ही हैं
बड़बोला बादल भी बड़-बड़ करता है
आसमान थोड़ा तो हमसे जलता है
इनको 'फूं' कर के दें हम उड़ा,
थोड़ी ख़ामोशी ओढ़ लें
आओ! ज़िन्दगी ओढ़ लें

शिक्षक दिवस पर

रस्ते तो लाखों हैं लेकिन रस्ता सही बताए कौन
फिर उस रस्ते पर मंज़िल तक लेकर साथ चलाए कौन

कौन बताए कैसे हम हर सपने को साकार करें
कौन बताए कब कैसे हम किस बाधा को पार करें
काली अँधेरी रातों से भोर तलक ले जाए कौन
रस्ते तो लाखों हैं लेकिन रस्ता सही बताए कौन

क़दम-क़दम पर भटकन रक्खी, डेग-डेग पर कठिनाई
दुविधा बहुत भरी जीवन में, कैसे हो यह फलदायी
क्या है सही, ग़लत है क्या बात हमें बतलाए कौन
रस्ते तो लाखों हैं लेकिन रस्ता सही बताए कौन

एक व्यवस्था ईश्वर ने इन सब की ख़ातिर दे दी है
शिक्षक के हाथों में हम सब की पतवारें सौंपी हैं
शिक्षक बड़ी-बड़ी उलझन की साधारण सी सुलझन है
इस अवसर पर हर शिक्षक को हम सब का अभिनंदन है

अपनी प्रेम कहानी

नज़र किताबों से हट कर
दूजी नज़रों से उलझी थी
काग़ज़ पर फैली स्याही तब
तितली जैसी लगती थी
थोड़ा कुछ जाना समझा था, थोड़ी सी नादानी भी
ऐसे ही तो शुरू हुई थी अपनी प्रेम कहानी भी

थोड़ा डर था, बहुत हिचक थी
थोड़ा बहुत भरोसा था
थर-थर करते हाथों से जब
दिल का थाल परोसा था
'हाँ' सुन कर दिल खिला था लेकिन आँख से
छलका पानी भी
ऐसे ही तो जवां हुई थी अपनी प्रेम कहानी भी

उन रस्तों पर कोई नहीं था
दूर-दूर सन्नाटा था
चुपके-चुपके बिन आहट के
बस पल आता-जाता था
लब चुप-चुप थे, सब चुप-चुप थे, चुप थी रात सुहानी भी
ऐसे ही परवान चढ़ी थी अपनी प्रेम कहानी भी

शुरू हुई, फिर जवां हुई,
परवान चढ़ी, फिर एक हुए
यही कहानी पढ़ी-सुनी,
फिर इसके ही किरदार बने
मैं भी, तुम भी, लैला-मजनू भी और राजा-रानी भी
ऐसे ही तो अमर हो गई सबकी प्रेम कहानी भी

टूटे स्वर के गीत

मेरे शून्य-महल के वासी, अंतःपुर से झाँको तो
कठिन प्रतीक्षा का चाहो तो प्रतिफल मत दो, आँको तो

टूटा इकतारा ले कर इस नगरी में किस द्वारे जाऊँ
झोपड़ियों की दंतकथाएँ जलमहलों में किसे सुनाऊँ
मैंने छालों की स्याही से भटकन का इतिहास लिखा है
इस लय-हीन स्वयं-बीती पर तुम बिन कैसे राग सजाऊँ
तुम बिन कैसे राग सजाऊँ जीवन-वीणा के विन्यासी
मेरे शून्य-महल के वासी

मेरा स्वर यदि सुन पाते हो, स्वान्त-नगर से नीचे उतरो
यायावर का मन स्वीकारो, अहं-शिखर से नीचे उतरो
दो क्षण की संवाद-सुधा को, एक भ्रमर व्याकुल फिरता है
पुष्प-वल्लरी सी इतराती घन-अम्बर से नीचे उतरो
घन-अम्बर से नीचे उतरो, मेरे तम के पूरनमासी
मेरे शून्य-महल के वासी

मेरा भारत ज़िन्दाबाद रहे

हर जन्म मिले इस धरती पर, ये धरती मुझको याद रहे
कल मैं न रहूँ, पर सदियों तक मेरा भारत ज़िन्दाबाद रहे

इस धरती से पहचान मेरी
इस मिट्टी से मेरा नाता है
जब कोई भी ना हो साथ मेरे
यह मेरा साथ निभाता है
मेरे दोस्त वतन, मेरे यार वतन, तू ऐसे ही आबाद रहे
कल मैं न रहूँ, पर सदियों तक मेरा भारत ज़िन्दाबाद रहे

धड़कन में प्यार धड़कता है
रग-रग में हिम्मत बहती है
मैं भारत का, भारत मेरा
मेरी हर साँस ये कहती है
तेरा-मेरा यह प्यार वतन, मेरे साथ रहे, मेरे बाद रहे
कल मैं न रहूँ, पर सदियों तक मेरा भारत ज़िन्दाबाद रहे

तेरे नाम का जलवा दुनिया में
तेरे नाम की बातें दुनिया में
इक गूँज है मेरी धड़कन में
इक गूँज तुम्हारी दुनिया में
तू मस्त रहे, तू शाद रहे, मेरी रब से ये फ़रियाद रहे
कल मैं न रहूँ पर सदियों तक मेरा भारत ज़िन्दाबाद रहे

हम इश्क़ सिखाएँ दुनिया को
और इश्क़ हमेशा क़ायम हो
हर बुरी नज़र को करें फ़ना
इन हाथों में इतना दम हो
हर मुश्किल से, हर आँसू से, ताउम्र वतन आज़ाद रहे
कल मैं न रहूँ पर सदियों तक मेरा भारत ज़िन्दाबाद रहे

सोलह दीप दिवाली के

एक दीप गणपति, कृष्ण, हनुमान, राम,
शारदा, भवानी, शिव धाम का जलाइए
एक दीप चंद्र, सूर्य, तारिका, नक्षत्र, ग्रह,
पंचतत्त्व और ब्रह्म नाम का जलाइए
एक दीप मीरा, सूर, मीर, तुलसी, कबीर,
ग़ालिब, बिहारी, मति राम का जलाइए
एक दीप माँ पिता के, बंधु-बान्धवों के और
पितरों के चरणों के धाम का जलाइए

एक दीप अशफ़ाक़, बिस्मिल, भगत, बोस,
तिलक, आज़ाद जी की आग का जलाइए
एक दीप लक्ष्मीबाई, हाड़ा रानी, सरोजिनी,
अरुणा आसफ़ जी के त्याग का जलाइए
एक दीप कहरवा, दादरा की थाप और
सा, रे, ग, म, प, ध, नि के राग का जलाइए
एक दीप सिंह, काग, वानर, वराहदेव,
कश्यप, उलूक, शेषनाग का जलाइए

एक दीप नीलगिरि, सांभर, सिरोही और विंध्याचल,
हिमाला की शान का जलाइए
एक दीप गंगा, कोसी, जमना, गंडक, सिंध,
गोमती, गोदावरी के मान का जलाइए
एक दीप सतपुड़ा, कान्हा, बांदीपुर, गिर,
वृन्दावन, राजाजी उद्यान का जलाइए
एक दीप गेहूँ, जूट, केसर, मखाना, ईख,
आलू, सरसों, कपास, धान का जलाइए

एक दीप नचिकेता, सोमनाथ, मानिकशॉ,
विक्रम, हमीद, हेम राज का जलाइए
एक दीप खजुराहो, कुतुब, हवा महल,
लाल किला, साँची, लेह, ताज का जलाइए
एक दीप कथकली, गरबा, घूमर, छऊ,
कुचीपुड़ी, गिद्धा के भी साज का जलाइए
एक दीप बीते हुए कल, आगे वाले कल और
बीत रहे इस आज का जलाइए

सियासत चाहती है

लड़ें, झगड़ें, भिड़ें, काटें, कटें, शमशीर हो जाएँ
बँटें, बाटें, चुभें इक दूसरे को, तीर हो जाएँ
मुसलसल क़त्ल-ओ-ग़ारत की नई तस्वीर हो जाएँ
सियासत चाहती है हम ओ तुम कश्मीर हो जाएँ

सियासत चाहती है नफ़रतों के बीज बो जाए
कि हिन्दी और उर्दू किस तरह तक़्सीम हो जाए
सियासत जानती है किस तरह हम पर करे काबू
वो 'इंसाँ' मार कर कर दे तुम्हें मुस्लिम मुझे हिन्दू
ज़रा ठन्डे ज़हन से मुद्द-आ ये सोचने का है
तेरी मेरी लड़ाई में मुनाफ़ा तीसरे का है
सियासत की बड़ी लाठी से मारी चोट हैं हम तुम
न मैं मैं हूँ, न तुम तुम हो, महज़ इक वोट हैं हम तुम
तो आख़िर क्यों हम उनका हासिल-ए-तदबीर हो जाएँ
सियासत चाहती है हम-ओ-तुम कश्मीर हो जाएँ

अभी भी वक़्त है, बाक़ी मुहब्बत की निशानी है
अभी गंगा में धारा है, अभी जमना में पानी है
अभी अशफ़ाक़-बिस्मिल की जवानी याद है हमको
अभी अख़लाक़ की बातें पुरानी याद हैं हमको
अभी रसखान के कान्हा भजन घुलते हैं कानों में
अभी ख़ुसरो के होली गीत सजते हैं दलानों में
अभी शौक़त दीवाली में मिठाई ले के आता है
अभी दीपक अज़ादारी में मातम भी मनाता है
अभी भी वक़्त है, ऐसा न हो सब भूल कर हम-तुम
बदी के इक विषैले ख़्वाब की ताबीर हो जाएँ
सियासत चाहती है, हम-ओ-तुम कश्मीर हो जाएँ

हिन्दुस्तान धड़कता है

हम हिम्मत हैं, हम ताक़त हैं
हम हैं साहस का बल
हम विज्ञान हैं, ज्ञान हमीं हैं
हम ही आज हैं, और कल
विश्व-गुरु कहलाने का अभिमान धड़कता है
हम सब के सीने में हिन्दुस्तान धड़कता है

हम ही गंगा, हम ही यमुना
हम कावेरी का जल
हमीं हिमालय, हमीं नीलगिरि
हम ही हैं विंध्याचल
एक ही दिल में पानी और चट्टान धड़कता है
हम सब के सीने में हिंदुस्तान धड़कता है

कई तरह के हमले झेले
क्या ऊँचा क्या छोटा
जो भी हमसे टकराया है
हार के वापस लौटा
सदा विजेता रहने का सम्मान धड़कता है
हम सब के सीने में हिन्दुस्तान धड़कता है

लक्ष्मीबाई, गाँधी, पोरस
भगत सिंह की हिम्मत
अशफ़ाक़ुल्ला, बिस्मिल, राणा
दश गुरुओं की ताक़त
खुदीराम, ऊधम सिंह का बलिदान धड़कता है
हम सब के सीने में हिन्दुस्तान धड़कता है

कोशिश जितनी बार भी की है
ख़ुद ही मुँह की खाए
क्या औक़ात पड़ोसी दुश्मन
हमको आँख दिखाए
हर जन-जन में जन-गण-मन का गान धड़कता है
हम सब के सीने में हिन्दुस्तान धड़कता है

हिन्दू-मुस्लिम पूरब-पच्छिम
सब रहते हैं मिलकर
अलग-अलग सब रूप-रंग हैं
इंद्रधनुष से बेहतर
जनम-धरम सब भूल के बस इंसान धड़कता है
हम सब के सीने में हिंदुस्तान धड़कता है

शास्त्र लिए हैं एक हाथ में
जिस से ज्ञान की महिमा
दूजे हाथ में शस्त्र है जिससे
रहती देश की गरिमा
मन में मर्यादा का, बल का मान धड़कता है
हम सब के सीने में हिंदुस्तान धड़कता है

हम हिन्दुस्तानी

उनको पास बुला लो जो थोड़े हैं रूठे
जाने दो उनको जो हाथ झटक कर छूटे
आँखों में फिर ख़्वाब नए पैदा कर लेंगे
छोड़ो उन सपनों को जो टूटे वो टूटे

नए रंग से, नए ढंग से
अब हर चीज़ सजानी
हम हिन्दुस्तानी, हम हिन्दुस्तानी

तूफ़ानों में इक-दूजे को थामे रहना
मैं भी दूँगा साथ तेरा, तुम मेरा देना
पिछले मौसम के पतझड़ में हमने सीखा
नए बहारों की उम्मीदें ज़िंदा रखना

नए रंग से, नए ढंग से
अब हर चीज़ सजानी
हम हिन्दुस्तानी, हम हिन्दुस्तानी

मैं ताजमहल बोल रहा हूँ

मैं मुहब्बत का तराना हूँ ज़माने वालो
तेरे झगड़ों से पुराना हूँ ज़माने वालों
मुझको बेशर्म सियासत का यूँ सामां न करो
करके तौहीन मुझे ऐसे परेशां न करो
मैं अजूबा हूँ जहाँ भर की भली नज़रों में
तुम अजूबे हो मगर दोस्त मेरी नज़रों में
तेरी औक़ात कहाँ जो मेरी कीमत समझे
मेरा उन्वान मुहब्बत है, मुहब्बत समझे
मुझ पे झगड़े नहीं होते मियाँ, होती है ग़ज़ल
मैं तेरा ताज नहीं हूँ, मैं तो हूँ ताज महल
हूँ मुहब्बत से, मुहब्बत का, मुहब्बत के लिए
तेरी जम्हूरियत है सिर्फ़ किताबत के लिए
मुझको वोटों की सियासत से अलग ही रक्खो
मुझको क़ानून-ओ-अदालत से अलग ही रक्खो
मैंने देखें हैं धरम इनके भी और उनके भी
मैंने देखे हैं करम इनके भी और उनके भी
कैसे कह दूँ मैं बुरा या कि किसी को अच्छा
और रहने दो मेरा मुँह न खुले तो अच्छा
तुम तो हो आज, कोई कल, कोई परसों होगा
गीत-ग़ज़लों में मेरा ज़िक्र तो सदियों होगा
इसलिए मेरे अज़ीज़ों सुनो ऐसा न करो
छोड़ दो मुझको अकेला मुझे रुस्वा न करो

ख़्वाहिशों की रोड

कई अज़ीज़ हैं मेरे जो मुंतज़िर तुम्हारे हैं
चलो, उन्हें मिलाता हूँ, जो मुझ पे उम्र हारे हैं
जो दिन के जोड़-तोड़ में, समय की भाग दौड़ में
नज़र कभी चढ़े नहीं, औ' हम जिधर बढे नहीं
रुके हैं पिछले मोड़ पर, और उस से पिछले मोड़ पर
कुछ उस से पिछले मोड़ पर, कुछ उस से पिछले मोड़ पर
वो बात जो कही नहीं, वो शे'र जो हुआ नहीं
वो दर्द जो उठा नहीं, वो शोर जो मचा नहीं
वो हर्फ़ जो पढ़ा नहीं, वो अश्क़ जो बहा नहीं
वो रंग जो खिला नहीं, वो ख़्वाब जो दिखा नहीं
वो शाम जो ढली नहीं, वो गीत जो लिखा नहीं
वो शर्त जो लगी नहीं, वो जूस जो पिया नहीं
जो हादसे हुए नहीं, वो पेड़ जो उगा नहीं
जो जनवरी जमी नहीं, वो जून जो तपा नहीं
वो भूख जो लगी नहीं, वो राग जो बजा नहीं
वो नाम जो दिया नहीं, वो होना जो हुआ नहीं
वो उम्र जो बची नहीं, वो चैन जो पड़ा नहीं
वो ज़िन्दगी जो जी नहीं, वो वक़्त जो मिला नहीं
ये सब मेरी ज़ियादा तेज़ चाल के शिकार हैं
ये ख़्वाहिशों की रोड पर अज़ीज़ों के मज़ार हैं

अनेकता में एकता

प्रेम सिखाती आई है अपनी संस्कृति की रीत सदा
एक सूत्र है प्रेम कि जिसमें दोनों की है जीत सदा

हम जाति-धर्म से अलग-अलग, पर जुड़े रहे हैं भावों से
हम सब को ठंडक मिलती है इन तीन रंग के छाँवों से
इस राष्ट्र-ध्वजा के नीचे हैं हम इक-दूजे के मीत सदा
प्रेम सिखाती आई है अपनी संस्कृति की रीत सदा
एक सूत्र है प्रेम कि जिसमें दोनों की है जीत सदा

हम अपने घर को कल सुंदर, परसों सुंदरतम कर देंगे
जो थोड़ी बहुत कमी होगी, हम अपने श्रम से भर देंगे
हम एक ही स्वर में गाएँगे अब देश-धर्म के गीत सदा
प्रेम सिखाती आई है अपनी संस्कृति की रीत सदा
एक सूत्र है प्रेम कि जिसमें दोनों की है जीत सदा

दीया सलाम का

तू ही आन, तू ही शान,
तू ही मान, तू ही जान,
देश पर जो वार दी है ज़िन्दगी
एक दीप का सलाम
ऐ जवान तेरे नाम
तेरे दम से देश में है रोशनी

हर जगह डटा हुआ जो, हर समय जगा हुआ जो
जिसने रूह राष्ट्र को है सौंप दी
ऐसे लाल हैं कमाल, दुश्मनों का बन के काल
बढ़ के जय सिकंदरों की रोक दी
जिनके चेहरे पर आग
जिनके रग में देश-राग
जिनकी हर दिशा उतारे आरती
एक दीप का सलाम
ऐ जवान तेरे नाम
तेरे दम से देश में है रोशनी

तू हमारा हौसला है, शौर्य का तू सिलसिला है
तुझसे है घरों में सबके चाँदनी
आग की धधक भी तू ही, चाँद की चमक भी तू ही
तू ही फूल, तू ही शूल साहसी
हम पे है उधार तेरा
कर्ज़ हम पे प्यार तेरा
तुझसे होली, ईद, तुझसे हर ख़ुशी
एक दीप का सलाम
ऐ जवान तेरे नाम
तेरे दम से देश में है रोशनी

देशभक्ति बाल कविता

किसी एक से देश बनता नहीं है
किसी एक से देश चलता नहीं है

हैं गाँधी भी इसके
हैं नेहरू भी इसके
भगत सिंह, आज़ाद
पहरू भी इसके
हैं अशफ़ाक़, बिस्मिल
तिलक, बोस इसके
हैं ग़ालिब, हैं मीरा
बिहारी भी इसके
समय की तपन से ये जलता नहीं है
किसी एक से देश चलता नहीं है

कृपाचार्य इसके
तथागत भी इसके
महावीर नानक
अटल, राम इसके
है आमिर भी इसका
है कंगना भी इसकी
है गंगा भी इसकी
है जमुना भी इसकी
ये संगम कहीं पर भी मिलता नहीं है
किसी एक से देश चलता नहीं है

न काटो इसे तुम
न बाँटो इसे तुम
न मोड़ो इसे तुम
न तोड़ो इसे तुम
हमीं ने तो दुनिया को
ज़ीरो बताया
हमीं ने तो दुनिया को
रस्ता दिखाया
यहाँ सूर्य ढल कर भी ढलता नहीं है
किसी एक से देश चलता नहीं है

हिन्दोस्तान था ही नहीं

इसका मतलब है कि सब झूठ सुना था हमने
इसका मतलब है कि सब झूठ पढ़ा था हमने
इसका मतलब है कि हम एक कभी थे ही नहीं
इसका मतलब है कि हम नेक कभी थे ही नहीं
इसका मतलब है कि हिन्दू कभी मुस्लिम के न थे
इसका मतलब है कि मुस्लिम कभी हिन्दू के न थे
झूठ है गंगा का, जमुना का बहन होना भी
झूठ अशफ़ाक़ में बिस्मिल का ज़ेहन होना भी
झूठ बिस्मिल्ला की शहनाई थी गंगा तट पर
झूठ रहिमन के भजन थे वो कान्हा नटखट पर
झूठ ख़ुसरो का ये कहना कि आज रंग है री
झूठ कह कर गया नज़ीर कन्हैया पर भी
झूठ यूसुफ़, शक़ील, झूठ रफ़ी के वो भजन
झूठ सोनू निगम के नात, झूठ सारे जतन
झूठ थी मेरी कलाई पे निदा की राखी
झूठ थी मेरी हथेली पे चचा की ईदी
सच है क्या, सुन के कलेजा मेरा जाता है दहल
सच है अख़लाक़, पहलू, और है नारंग, कमल
इसका मतलब है कि हम दिल से बँटे बैठे थे
इसका मतलब ही कि हम खोल ओढ़े बैठे थे
इसका मतलब है एक आसमान था ही नहीं
इसका मतलब है कि हिन्दोस्तान था ही नहीं

टुकड़े

आज की शब, चाँदनी! इतना बरस
मैं किसी को याद आऊँ रात भर

अब सुब्ह में करूँगा पता झूठ है कि सच
कोई बता रहा था कि तुम भी चले गए

शायरी काम था तरतीब का ज़माने में
और फिर जौन की आमद हुई फ़साने में

कभी जज़्बात के हमले, कभी तेज़ाब की बारिश
मुहब्बत! तेरी मरहम-पट्टियाँ कब तक करे कोई

काम पर उसने लगा रक्खी है सारी कायनात
वक़्त के मज़दूर हैं सब, हम हों या कि आप हों

वो ख़ुशमिज़ाज है, ख़ुशरंग, ख़ुश-तबीयत है
नसीब देखिए साहब कि ख़ुश नहीं है वो

क़िस्मत ने यूं इश्क़ का बांटा है ईनाम
ख़ुशियाँ उसके नाम कीं, ग़ज़लें मेरे नाम

तेरे होने से मुक़द्दर ये थोड़ी बदलेगा
बात इतनी सी है, इक हौसला सा रहता है

तुम गए तो घर कहाँ फिर घर हुआ
अब कहाँ वो सांझ-बाती रह गई
मुफ़लिसी ने रोटियाँ भी सेंक ली
ज़िन्दगी चूल्हा जलाती रह गई

ठोकरों से बिखर नहीं सकती
और चोटों से डर नहीं सकती
इक समन्दर है मुन्तज़िर मेरा
मैं नदी हूँ, ठहर नहीं सकती

आदमी थे, शै हुए, सौदा हुए
बद हुए, बदतर हुए, बेज़ा हुए
कम हुए, कमतर हुए, फिर ना हुए
इस तरह हम इश्क़ में ज़ाया हुए

चाहत भी, मौसिक़ी भी, चराग़ाँ भी, रक़्स भी
अब और तेरे राज में क्या-क्या हराम है

कश्मीर क़ायनात की वो ख़ुशनुमा रदीफ़
नाशायरों के हाथों जो बरती न जा सकी

कल से रक़ीब कर रहा है बस तुम्हारी बात
आने लगी हो तुम भी ये किस-किस के ख़्वाब में

मैं आसमान हूँ, पिंजरा नहीं हूँ ऐ बुलबुल
निगाह रखता हूँ, पाबन्दियाँ नहीं रखता

सैकड़ों रातों की नींदें, सैकड़ों मीलों की भूख
ज़िन्दगी तुम पर मेरा ख़ासा बक़ाया हो गया

नहीं जो टूटता मेरा भरम तो
भरम मुझको किसी दिन तोड़ देता

प्यास इतनी कि तरसता रहा शबनम भर को
ज़ब्त इतना कि न दरिया को भी मुड़ कर देखा

तुम ज़माने से जा मिली वरना
हम ज़माने को तुमसे मिलवाते

उलझनें, दर्द, ग़म, परेशानी
मुश्किलें सब की सब ज़मीं भर हैं

तुम ये रोते हो ज़िन्दगी भर है
हम तो ख़ुश हैं कि बस यहीं भर हैं

ना दौलत ना शोहरत माँगे ना कोई बल माँगे
दिल का मंगता उस दाता से इतना केवल माँगे
मंगल को मैं बजरंगी से तेरा शुक्र मनाऊँ
और शुक्र को तू अल्लाह से मेरा मंगल माँगे

भाग्यलेख की ये दुनिया भी अजब दीवानी होती है
किसी की क़िस्मत में जोकर तो किसी के रानी होती है
कोई सागर तर जाता है तो कोई जी उठता है
हर पत्थर की अपनी-अपनी राम कहानी होती है

जो इस पल है, वो ही जज़्बा कुछ पल बाद नहीं रहता
वक़्त की ज़ालिम ज़ुबाँ पे टिक कर कोई स्वाद नहीं रहता
हाँ! शुरुआत की बिछड़न में कुछ रोना-धोना चलता है
चंद दिनों के बाद किसी को कुछ भी याद नहीं रहता

फिर चाहत की लाश मिली है अरमानों की वादी में
फिर दुनिया ने सेंध लगाई सपनों की आज़ादी में
इसमें कुछ भी नया नहीं है ये तो होता आया है
शीशे टूटा ही करते हैं पत्थर की आबादी में

जो रस्ता आसान लगा हम हर वो रस्ता छोड़ आए
जब फूलों की चाह में निकले, चाँदी–सोना छोड़ आए
दीवाने हैं, दीवानों के अपने तौर तरीक़े हैं
शर्त लगाई, जीत गए फिर शर्त का जीता छोड़ आए

हँसते–हँसते सह लेते हैं, जो भी मौसम मिलते हैं
एक ख़ुशी के जुर्माने में अक्सर सौ ग़म मिलते हैं
कौन सुनेगा किससे बोलें सोच के चुप हो जाते हैं
दीवानों को अपने जैसे दीवाने कम मिलते हैं

शीश कटाने के मौक़े पर कतराने का प्रश्न नहीं
जहाँ गुरु के बलिदानी हों, घबराने का प्रश्न नहीं
भगत सिंह, करतार सराभा, ऊधम सिंह की क़ौम है ये
मिट जाना स्वीकार सदा पर झुक जाने का प्रश्न नहीं

तिलक, लाजपत राय, कुंवर सिंह, अशफ़ाक़ उल्ला का भारत
बेगम हज़रत महल, तांतया टोपे, नाना का भारत
है सौभाग्य कि हमने पाई है आज़ाद की ये मिट्टी
सावरकर, झलकारी बाई, खुदीराम वाला भारत

आग जिगर में, ओस पलक पर, हिन्दुस्तान यही तो है
हो जाएँ कुर्बान नमक पर, हिन्दुस्तान यही तो है
हम सौ बार गिरे हैं, गिर कर वापस झूम के उट्ठे हैं
क़दम ज़मीं पर, नज़र फलक पर, हिन्दुस्तान यही तो है

मेरे सब ख़्वाबों ख़्यालों का अमल होती गई
रफ़्ता-रफ़्ता मेरी हर मुश्किल का हल होती गई
इस तरह से उसने मेरे लफ़्ज़ ज़िंदा कर दिए
मैं ग़ज़ल कहता गया और वो ग़ज़ल होती गई

सूरज तेरी धूप की ज़द से कुछ आगे
एक इलाक़ा जुगनू का भी होता है

लेखक परिचय

प्रबुद्ध सौरभ

जन्मस्थान – फॉरबिसगंज (जिला सुपौल, बिहार)

शैक्षणिक योग्यता – एम.बी.ए., बी.ई.

संप्रति – विगत दो दशकों से अनवरत लेखन प्रक्रिया में संलग्न। साथ ही कवि सम्मेलनों एवं मुशायरों में उपस्थिति।

टीवी लेखन – 'आज तक' टीवी चैनल के लिए 'केवी सम्मेलन' नाम के धारावाहिक का पटकथा लेखन, 'एबीपी न्यूज़' टीवी चैनल के लिए 'महाकवि' नाम के धारावाहिक का लेखन, 'सब टीवी' चैनल और 'सोनी लिव' ओटीटी के लिए 'वागले की दुनिया' नामक सीरियल में संवाद लेखन, हरि ॐ फिल्म्स के लिए 'द ग्रेट मंक स्वामी विवेकानंद' नामक सीरियल के लिए पटकथा, संवाद व गीत लेखन (प्रसारण 2024 से निर्धारित), हरि ॐ फिल्म्स के लिए 'जय अलख निरंजन' नामक सीरियल के लिए पटकथा, संवाद एवं गीत लेखन (प्रसारण 2025 से प्रस्तावित)

फ़िल्म लेखन – दो निर्माणाधीन फिल्मों (नाम सुरक्षित) के लिए स्क्रीनप्ले, संवाद एवं गीत लेखन। क्रमशः 2024 एवं 2025 में निर्माण पूर्ण होना संभावित।

गीत लेखन – प्रसिद्ध प्लेबैक गायक सोनू निगम, अल्ताफ़ राजा सहित अनेक गायकों एवं संगीतकारों के लिए गीत लेखन, यूट्यूब सीरीज़ 'ज़िन्दगी विद ऋचा' (ऋचा अनिरुद्ध) एवं 'कहानियाँ' (मोहित शेवानी) के टाइटल गीत का लेखन।

पुस्तक लेखन – पुस्तक 'हार के उस पार' (तरुण राज अरोड़ा) का संपादन, हिन्दी पुस्तक का अंग्रेज़ी में 'द वेब ऑफ़ मेमोयर्स' (सोमेश शेखर चंद्र, अमेरिका) का अनुवाद एवं संपादन, गुजराती पुस्तकों 'समांतर' एवं 'वासाँसि जिर्णानि' (देवांगी भट्ट) का हिन्दी में पुनर्लेखन।

अन्य लेखन – डॉ. कुमार विश्वास, पद्मश्री मालिनी अवस्थी, ऋचा अनिरुद्ध, आरजे रौनक, गायक अरिजीत सिंह, मोहित शेवानी, इंडोथाई न्यूज़ (थाईलैंड), माई एफएम, स्टोरीटेल, जागरण समूह समेत कई महनीय व्यक्तियों एवं संस्थानों के लिए लेखन।

प्रस्तुतियाँ – भारत के विभिन्न प्रांतों के अलावा यूएई, थाईलैंड, ऑस्ट्रेलिया, न्यूज़ीलैंड, अफ़्रीका इत्यादि में प्रस्तुतियाँ। इसके अतिरिक्त तमाम टीवी चैनलों पर प्रस्तुतियाँ।